[日]加藤祐三◎著
蒋丰◎译
段珩◎译校

十九世纪的英国和亚洲
近代史的素描

イギリスとアジア
近代史の原画

中国社会科学出版社

审图号：GS（2024）2371号
图字：01-2022-5794号
图书在版编目（CIP）数据

十九世纪的英国和亚洲：近代史的素描 /（日）加藤祐三著；
蒋丰译 . -- 北京：中国社会科学出版社，2024.9
ISBN 978-7-5227-3526-9

Ⅰ.①十… Ⅱ.①加…②蒋… Ⅲ.①英国—近代史
—研究②亚洲—近代史—研究 Ⅳ.① K561.42 ② K304

中国国家版本馆 CIP 数据核字（2024）第 091522 号

IGIRISU TO AJIA: KINDAISHI NO GENGA
by Yuzo Kato
© 1980 by Yuzo Kato
Originally published in 1980 by Iwanami Shoten, Publishers, Tokyo.
This simplified Chinese edition published 2024
by China Social Sciences Press, Beijing
by arrangement with Iwanami Shoten, Publishers, Tokyo

出 版 人	赵剑英
责任编辑	黄　山
责任校对	贾宇峰
责任印制	李寡寡

出　　版	中国社会辞学出版社
社　　址	北京鼓楼西大街甲 158 号
邮　　编	100720
网　　址	http://www.csspw.cn
发 行 部	010-84083685
门 市 部	010-84029450
经　　销	新华书店及其他书店
印　　刷	北京明恒达印务有限公司
装　　订	廊坊市广阳区广增装订厂
版　　次	2024 年 9 月第 1 版
印　　次	2024 年 9 月第 1 次印刷
开　　本	880×1230　1/32
印　　张	7.875
字　　数	145 千字
定　　价	58.00 元

凡购买中国社会科学出版社图书，如有质量问题请与本社营销中心联系调换
电话：010-84083683
版权所有　侵权必究

再版序言

时隔33年,这本并不厚实的学术译作——原日本横滨市立大学校长、国际关系史专家加藤祐三先生的《十九世纪的英国和亚洲》,能够在中国鼎级学术著作出版社——中国社会科学出版社再版,作为译者,其内心用"百感交集"四个字来形容,也是不过分的。

其实,大约3年以前,中国社会科学出版社的王斌老师就与我联系这本书再版,并且约我写"再版序言"。但是,当时因为心情的激动,感觉有许多想说的话,一时竟然不知从何说起,结果是把这件事情拖了下来。感谢责任编辑王斌老师的"学术耐心",感谢他的深切理解,虽然此后也曾几次用询问的方式催促,但一直都在耐心地等待着。过后细想,这里面不仅仅有对我的理解,更有对这本书学术价值的信赖。

其实,加藤祐三先生这本书最早出版于1980年,距今已经有44年的历史了,也就是将近半个世纪。当时,这本书的原名叫《英国与亚洲》,为了让中国读者更加易于理解，1991年在中国社会科学出版社翻译出版的时候，我们与加藤祐三先生商定，将书名定为《十九世纪的英国和亚洲》。前面加了一个时间副词，可以准确反应作者对那个时代的观察和把控，可以让读者迅速地进入"时代的境地"。

放眼当今21世纪的英国与亚洲的关系，我们会有更多的感慨。至少，曾经受英国殖民统治的香港，如今已经回归中国，成为祖国温暖大家庭中的一位成员；至少，英国驻日本东京大使馆为了"省钱"，不得不把1872年以来租借的一块领事馆用地，归还给日本，允许日本政府将其改建为"国民公园"；至少，印度裔英国人里希·苏纳克已经成为了英国第57任首相，这在英国历史上也是开天辟地第一回。

回首往昔19世纪的英国与亚洲的关系，我们的心情会立即沉重起来。1840年英国用鸦片加大炮打开了古老中国的大门，用中国近代史上第一个不平等条约——中英《南京条约》，把中国引上半封建半殖民地社会的路径。其后，英国追随美国的后面，1854年"协调"签订了英日关系史上第一个不平等的条约，日本岛国的大门也被打开了。当然，日本会说自己在1868年以后进行了明治维新，从遭受侵害的国家变成了"帝国主义俱乐部"的成员，并在英国的帮助下，创办了近代海军，一度圆了"大日本帝国"的美梦。而十九世纪初期，英国就建立了东印度公司，其后的英印关系可以说是帝国主义扩张和殖民统治的典型模本。

我们再从更广阔的视野看21世纪的英国与亚洲的关系。在21世纪初,伴随着中国、印度等亚洲国家经济的迅速崛起,英国逐渐增加了与这些国家的经济往来。特别是在2008年全球金融危机之后,英国寻求多元化经济伙伴,以减少对传统西方市场的依赖。英国与亚洲国家之间的贸易额显著增长,尤其是在服务贸易、投资和高技术领域。例如,英国在中国的直接投资迅速增加,双方在金融服务、教育和科技创新领域的合作不断加深。

在政治和战略领域,英国与亚洲国家的关系也显著加强。随着中国在国际舞台上的崛起,英国寻求与中国建立更加平衡的关系,这不仅反映在双边关系中,也体现在多边论坛和全球治理结构中。英国支持中国参与国际金融体系的改革,并在气候变化、反恐和地区安全等全球性问题上寻求合作。与此同时,英国也加强了与印度、日本、韩国等所谓"亚洲民主国家"的战略伙伴关系,特别是在防务合作和技术交流方面。这种合作不仅基于共同的安全利益,也反映了各方对维护基于规则的国际秩序的共同承诺。

特别应该指出的是,英国在"脱欧"后,与亚洲的关系进入了一个新阶段。英国寻求通过"全球英国"战略加强与亚洲国家的联系,旨在确保英国在"脱欧"后能够在全球舞台上继续发挥重要作用。英国与日本签署

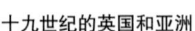

的自由贸易协定就是这一战略的体现，英国也在积极探索与印太地区其他国家的贸易和投资协议。

当然，尽管英国与亚洲的关系在多个领域取得了显著进展，但人们也常常可以看到那个昔日"大英帝国"不甘破灭的梦想。英国正在维护与中国等重要经济伙伴的关系和支持西方在人权、海洋安全等问题上的立场之间找到平衡。作为香港曾经的"统治者"，英国总还想对中国香港问题指手画脚。

不管怎样，都应该看到，从19世纪到21世纪，英国与亚洲的关系经历了复杂而深刻的变化，这不仅影响了双方的经济和政治格局，也深刻影响了全球的战略平衡。

在我看来，未来，伴随着全球经济政治格局的进一步演变，英国与亚洲各国的关系将持续深化，同时也会面临新的挑战和机遇。为了应对这些挑战并充分利用机遇，英国或许与亚洲国家在几个关键领域加强合作与对话。

科技创新是推动21世纪经济社会发展的关键力量。英国和亚洲国家，尤其是中国、印度、韩国和日本，在科技创新领域均有显著成就和优势。双方可以在人工智能、生物技术、绿色能源和数字经济等前沿领域加强合作，共同推进科技进步和可持续发展目标。

气候变化是全球性挑战，英国和亚洲国家都面临着应对这一挑战的迫切需要。通过加强在气候变化应对措施、清洁能源技术和绿色金融等领域的合作，双方可以共同促进全球低碳转型，减少温室气体排放，保护生态环境。

在多边主义和国际法的基础上维护区域和全球稳定是英国和亚洲国家共同的利益。双方可以加强在联合国、世界贸易组织、东盟地区论坛等多边机构中的合作，共同应对地区冲突、恐怖主义和跨国犯罪等挑战，推动建立更加公正、开放的国际秩序。

深化英国与亚洲之间的人文交流和教育合作，不仅能增进相互了解和信任，还能为双方提供学习和借鉴的机会，培养未来的合作伙伴。扩大学生和学者交流、促进文化艺术合作、增加直接航班和旅游往来，都是促进双方人文交流的有效途径。

总之，放眼21世纪英国与亚洲的关系，不能够忘记19世纪英国与亚洲的关系。预测未来英国与亚洲的关系，也不应忘记19世纪英国与亚洲的关系。从这个意义上讲，加藤祐三先生的《十九世纪的英国和亚洲》仍然具有一读再读的学术价值以及现实的意义。中国社会科学出版社执意将本书的中译本再版，显然是具有眼光的。谢谢！

蒋丰
北京大学历史系客座教授、
日语版《人民日报海外版》日本月刊总编辑
2024年3月

中译本序言

本书作为日本岩波新书的丛书之一，最早出版于1980年，到今年已经印刷了15次。岩波新书是日本传统的丛书，自1938年刊行以来，封皮用纸最初为红色，继之为蓝色、黄色，现在又为红色了。佛教上讲人生共有108个苦恼，本书恰好是黄色封皮版的第108本，两个数字偶合，使我至今记忆犹新。

关于这本书的写作动机，我在序章中已经谈到了。我本来是带着"英国在19世纪的东亚"这一研究课题到英国去搜集资料的，但中途将课题作了调整。本书试图研究并把握在世界上首先完成了工业革命的英国的近代形象（本书第一编）。如果概括地讲，大致有以下几点：

（1）比确定抽象课题更重要的是要从具体史实中构成图表及理论。本书第二编的主题之一——19世纪亚洲的三角贸易，是以往史学界研究中很少涉及的问题。考虑世界近代史的"同时代性"时，在看到西方对东方

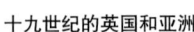

影响的同时，必须注意把握东方对西方也曾有很大的影响。这是非常重要的。

（2）本书对把握事实的方法、语言及资料的具体分析、逻辑的形成、客观分析法、观念形态与材料的判断等问题也作了思考和叙述。

（3）本书还注重考虑面对欧美主导的一体化的世界，日本、中国、印度等国是怎样对应的；东西方之间产生的差距对以后的历史进程有什么影响；还特别想明确东西方开始相遇时的不同点。这是本书第三编的主题。

日本的史学分类法中，没有近代国际政治史，而是称为近代国际关系史，或者直接称为世界近代史。赋予一个学科名字固然不难，但要建立其研究的方法论并非那样简单。现在，日本关于这方面的研究还处于搜集个别具体资料的基础上，渐渐组合它的形象的阶段。恰当地说，还出于对它的重要性刚刚认识的阶段。我并不认为自己所关心的问题就是这门学科的全部，它不过是摸索这门学科发展过程中的表现之一。

10年前执笔时的心情与现在对问题的考虑自然不同了。这10年间，世界发生了剧烈的变化，我在日本的研究环境也发生了变化，我的思考方法自然不会静止不变。史学界的状况也发生了变化。现在，我关心的主要问题，曾在1990年横滨市立大学"文理学系向导"中向学生做过简单扼要的介绍。现抄录如下：

我虽然是研究中国近现代史的，但由于有10年前在英国的研究生活，因此开始认为在近代的世界中仅仅把握一国的历史是非常困难的，并以19世纪中叶为轴心着手研究那个时代的世界史。中国鸦片战争以来的社会变化、香港的变化和上海租界的形成、欧美的世界侵略和各地殖民地的形成、日本幕末的开国开港，以及横滨的政治、经济、文化思想和城市的形成史，我都非常关心。对那个时代的理解与对今天的理解是分不开的，这对人类发展道路的理解也是有益的。

这段文字会给学生带来什么影响，我并没有认真地考虑过，但一位学生却找上门来。他就是今年成为我的研究生的中国留学生蒋丰。大约是在6月份一学期课程将要结束的时候，他拿着作为教材的本书，问我是否同意把这本书翻译成中文。我当时没有立即答复。其理由是本书出版以来我在研究上又有了新的进展，书中一些缺陷的地方应该补充，一些新的见解我在其他书中已经写进，仅仅翻译此书有点令人担心。作为教材使用时，我让学生们先把本书阅读一遍，然后把本书中没有写到的问题、写作时还不甚明确的问题，编成讲义发给学生。

但是，这本书毕竟是我写的，毕竟是已经离开我的手而独立存在了。在和蒋丰交谈的过程中，我一方面被他的热情所感动，一方面也想让他的学习有所成果，于是便同意将本书译成中文。

蒋丰曾任《中国青年》杂志社记者，现在停职留学日本，他的中文是可以信赖的。他毕业于北京师范大学历史系，作为研究生我们又可以每周进行交谈。如果翻译本书的话，他应该是最合适的人选。暑假即将结束的时候，蒋丰把用中文打印机打出的一部分译文交给了我。处于百忙之中的我，在感到突然的同时，又一次被他的热情所感动。那以后，蒋丰曾经被感冒缠身，我担心他的身体会受不了，没有想到在他身体恢复了健康的时候，又交来了新译出的文稿，这又一次令我吃惊不已。

作为我个人的心情，希望对 10 年前的作品有所补充，但实际上这部作品已经离开我了。因此，我也就想按照原书的内容和形式，让译者把它译出后交给中国的读者。

这里我还想说的是，由于本书的写作，使我的研究自此向着两个方向展开。一个研究方向是我开始把 19 世纪中叶日本的开国史投放到世界史的位置，对作为开港地横滨的历史详加考察，延伸拓展至此前后的历史，将世界近代史作为一个整体来考虑。在本书的末尾，对日本开国之际，也就是 19 世纪亚洲的三角贸易与日本是什么关系的问题有所涉及。另外，还有一些问题在本书中没有能够完全展开讨论。例如，近代中国打开国门是英国发动鸦片战争的直接结果，1842年签订的中英《南京条约》是中国战败的标志；近代日本打开国门虽然是屈从于美国的压力，但并不伴随着战争，1854年签订的《日美和亲条约》是双方交涉的结果。日中两国开国结果不同的起因是什么？对以后的历史有什么影响？日本在开国以前具有的"锁国"与中国清政府的"锁海"有什么不同？两国的对外认识以及为掌握世界形势在语言学习制度上有什么不同？日本从中华思想（儒教的改造）脱离的经过以及对兰学和命题逻辑学的现实处理法，等等。对于这其中的一部分问题的见解，我已经陆续发表在其他的著作中。

另一个研究方向是将视点投向全球，对时代作历史性的考察。产业革命、民主革命以来200多年的历史，通称为"近代"和"现代"的历史。问题在于这段人类文明史中"近代"和"现代"究竟占有什么样的位置。这200多年历史的特征之一，就是产业机械化导致多种消费品的出现，以电子计算机为代表的人工"装置"过于庞大，在现代表现得尤为突出。"自然"和人类成长的环境发生了极大的变化，作为"个体"的人也发生了极大的变化。目前，对应这种变化的"制度"还没有出现。我把"装置""自然""个体""制度"，作为一种文明的体系来考虑，这四者之间失去平衡后，就会出现许多问题。现在，地球环境在不断恶化，冷战虽然结束，但局部战争仍旧存在，还有饥饿、城市贫民街、移民、外出劳动者，等等。对于这些问题，尚没有良好的对策。此刻，加强对世界文明史的研究应该是必要的。

总之，当今世界上问题很多。我也没有确切的答案。作为历史学家究竟应该解决些什么问题，我还是处于摸索之中。这并不是一个人能够完成的。世界已经进入相互协作的时代，历史学家也不应该再个人独立作战了。共同研究问题需要多方面的合作。如何鼓励年轻人投入这种研究也是一个重要的课题。这本译著如果能够对此有所推进的话，我将感到十分满意。

最后，我要对中国社会科学出版社的编辑同仁为这本译著所付出的劳动表示感谢。对协助联系出版这本译著的中国人口报社主任编辑杨泉福先生表示感谢。日本横滨市海外交流协会资助这本书的出版，也是令我和译者感动并要致以谢意的。

加藤祐三

1990年11月底

于横滨市立大学研究室

序言　作者的历史比较和译者的凝重思考

——写给为省察中国近代史而忧而愤的读者

……………

一个人涌起一种神圣的念头，与其神圣的心理活动，是紧密关联的。

毕业于北京师范大学历史系，手执教鞭3年，向校园内外的青年学生和青年工人们讲授了300多场中国近现代史讲座，后来又在中国青年当中颇享盛誉的《中国青年》杂志社从事了5年多的编辑记者工作，3年前赴日本研读文化史和东洋史的蒋丰，明明知道在中国出版一部学术专著是多么艰难，却决意克服重重困难，要翻译和出版日本当代著名历史学家加藤祐三先生的《十九世纪的英国和亚洲》这一历史专著——他这是为什么？

蒋丰不是一个民族虚无主义者，他深深热爱自己的祖国和民族，热爱自己祖国和民族的悠久历史和优秀文化。从20世纪80年代初开始，蒋丰在全国一些报刊上发表文章，热情歌颂自己祖国的历史和文化。那篇发表在《中国青年》上的、讴歌中华历史，特别是盛唐时期中华经济、政治和文化曾怎样地吸引了他国异族的《民族自信力的源泉》一文，曾引得一些教师和青年学生诵读时热泪盈眶。然而，蒋丰不仅为古代中华的辉煌史而自豪，他更为近代中华的落后史而疾首、而沉思。

留学日本的蒋丰，有幸就读于横滨市立大学，在加藤祐三先生——这位日本著名历史学家的足下攻读，更为幸运的是，加藤教授讲授的文化史和东洋史，恰好是蒋丰早已向往的学术境界。用蒋丰的话说，这是"三点成一线"——良好的学术环境，理想的学术目标和进一步激发起来的学术欲求，这三者早已浑然一体。

我同蒋丰共事数载，深知他是一位不轻易被人折服的男子汉，但每每谈起加藤先生，他总是敬佩之情溢于言表。他说："听加藤先生的课，感到很轻松；看加藤先生的书，却感到很沉重。"这轻松和沉重之间，恰恰是一条绵绵悠长的令人深思之途。

以往，蒋丰听一些老师授课，老师和学生都是正襟危坐，老师拿一本讲义稿，甚至干脆拿一本教科书，在讲台上枯燥地、干巴巴地讲完甚或念完后下课，而根本不管学生的反映。加藤教授却不是这样，从服饰到举止，从授课到提问，他会悄然地把自己完全融入学生之中。

有些教授授课时，着一件雪白的衬衫，配之以一条精制的领带；加藤教授授课时，往往就是一件普通的T恤衫，外面一件西服。授课中他时常在教室里随意走动，随意坐在任何一个空着的座位上，或边走边讲，或坐在哪儿就在哪儿讲。加藤教授授课时，手头没有厚厚的一摆讲义，也听不到他长篇大论的叙述性的讲解。讲到一个课题或涉及某个问题时，他总是让学生们到图书馆的书架上去查阅哪几本书；到开架的期刊架上，去查看哪几本杂志；到专门放统计书的书架上，去查找哪几本统计书；再去工具书的书架上，去查寻哪几本工具书，并且，他能随时娴熟地在黑板上画出图书所在处的图书馆示意图。

加藤教授主张学生要多读书、多买书；即使买不起新书，到旧书店去买旧书也行；买不起多卷本，就买单行本，就买小32开的文库本；只要与历史课程有关的书就行。他经常对学生们说："我希望你们阅读和思考时，不一定拘泥于我所研究的课题，你们可以而且应该去研究新的课题。"加藤教授认为，学生们在进大学之前的生活总的来说是"受信"（接受知识）；进入大学之后，则是"受信"加上"发信"（例如撰写论文、搞学术研讨，等等）。所以，老师授课时，只是提供"受信"的渠道；学生们去各处找书时，则是"发信"的自我启动。

加藤先生常常谈到，当今的民族，应该是开放式的民族；当今的国家，应该是开放式的国家；当今的社会，应该是国际化的社会。有一次，他讲到这儿，突然停下来，随即提出："到过国外的同学，请把手举起来！"在场的19名学生中，仅有3名未去过外国；而到过国外的16名学生中，到过中国、韩国、新加坡等东亚地区的有 14 名,去过欧美的有 2 名。

加藤先生鼓励学生凡有条件的,都要尽可能地去国外看看。即使不懂所去国的语言也不要紧,哪怕是到菜市场去转一转,谈一谈或问一问价钱,去感受一下售货员的服务,你也可以体察到那个民族的性格和特点。透过这些现象和个人体验,就能从中接受异文化的信息,汲取异文化的长处。所以,加藤先生常常能够讲起他所喜欢吃的英国菜、印度菜、意大利菜、中国菜,等等,并能说出它们的一些构成及特色。他说"民以食为天",可以说,一个民族的饮食是一个民族文化的开端,或者莫如说,饮食其实就是一种文化。而加藤先生本人,总喜欢把各国饮食和各国文化作一番比较、作一番研究。

蒋丰不止一次地谈起他听加藤先生授课时和看加藤先生著作时的心理感受:"照说,历史是一门沉重的学问,是一门发人深省、撼人心魄的科学。只要是稍有历史常识和历史责任感的人,都这么认为。且不说历史可以预示未来,单是摆出历史事实本身,也会使人感到它的沉甸甸的分量,有些历史事件和历史进程,可以沉重得让人心头发紧。但加藤先生讲授历史课,却讲授得轻松怡然——我想,历史课程,绝不会如此轻松的。果然,待我翻阅加藤先生的历史著作时,这种历史的沉重感便迎头向我袭来。"蒋丰的这种双重性的感受愈是强烈,他便愈要急切地了解,同是加藤先生一人,为什么他的课那么轻松,他的书却那么沉重?那种不俗的轻松感和不凡的沉重感，缘何如此和谐地融于一体？所有这些，如何说明着加藤先生有过的学术经历和走过的学术道路呢？

加藤祐三先生，1936年出生于东京，1960年毕业于日本著名的东京大学的文学部东洋史学科。

也许是研究东洋史的缘故，或许还有更多的缘由，加藤先生对中国历史和中国文化，怀有一种特别的感情。他的硕士论文的题目，就是选定为"现代中国的土地改革"。他的学术著作中，有一本叫《中国的土地改革与农村社会》。他曾把美国学者W.韩丁记述中国土地改革的《翻身》一书，与人合作译成日文介绍给日本读者。说加藤先生早就已经是中日文化交流的友好使者，是恰如其分的。

在东京大学攻读硕士期间，加藤游历和踏访了33个亚欧国家，其中之一就是中国。获硕士学位后，他又攻读博士学位，然后到东京大学东洋文化研究所工作。这期间，加藤又研究了中国经济史和中国农业史。

1973年，加藤调任横滨市立大学副教授，现为该大学文理学部（系）教授，并担任教养学部部长（系主任）。

加藤祐三先生的学术研究领域甚广，学术著作甚丰。在《十九世纪的英国和亚洲》成书前后，他比较侧重地研究东亚及一些相关国家的历史，同时特别注重国家与国家之间、民族与民族之间的比较历史研究。在这些研究中,加藤尤其注意到这样一些问题:为什么英国打开国门是出于自觉,是从1640年资产阶级革命开始?为什么近代中国打开国门是出于被迫,是从中英鸦片战争开始?为什么日本真正打开国门,是从1868年明治维新即资产阶级革命开始?

1853年7月8日,美国海军佩里将军,奉美国总统菲尔莫尔之命,率领4艘被涂成黑色的军舰驶达日本浦贺港,敦促日本政府与美国建立外交关系;次年3月,两国之间缔结《日美和亲条约》。在加藤看来,这次"黑船事件"对日本来说,是个具有划时代意义的事件。

史学界通常认为,19世纪中期的国际政治特征是,各个国家一般分别为三种类型:列强;殖民地;签订战败条约国。然而,日美"黑船事件"发生后,使当时世界的政治格局发生了突破性的变化。加藤先生认为,在前面所述的三种类型的国家之外,又增加了一个新类型国家——接受交涉条约国。其时,日美双方不开一枪一炮,通过谈判达成协议——尽管这谈判的背后有美国武力的威慑和日本一时的屈辱,但日本方面,终于以不流血,不赔款,不割地,不亡国,不花费类似中国鸦片战争后所付出的那样惨痛、巨大的代价,维护了国家地位,并且以此为起点,逐渐走上一条强国之路,成为亚洲唯一保持独立的国家。

在这些比较历史的研究中,加藤相继出版若干著作之后,于1980年1月,又出版了《十九世纪的英国和亚洲》一书。该书篇幅不长，但见地新颖独特，多侧面、多层次地探讨了 19 世纪英国与亚洲的关系。他提出了三个假说，论证了东西方文化的相互影响作用，尤其是历来被一些史学家所容易忽略的东方对西方的深刻影响。譬如，中国古代农具、陶瓷、红茶等输往英国后对英国经济发展的巨大影响。同时，指出了英国既是一个世界最早开放的国家，又是较早重视了解中国的国家，不仅从中国引入了物质文明，而且早在 19 世纪初即出版了《中国语辞典》，19 世纪中叶建立了以中国科举制度为模式的文官录用考试制度，等等。人们据此不得不联想和对比：作为英国，竟能如此重视和引进中国文化；而当时的中国，对英国却知之甚少，1839 年，当中国清朝政府得知英国可能要向中国开战时，作为中国当时最高统治者的道光皇帝竟然忙问左右：中国有没有一条陆路可以通往英国？

中国在鸦片战争之后，除了向英国割地、赔款之外，对英国文化依旧缺乏了解。而日本，在得知泱泱中华帝国被欧美列强打败之后，则立即着手研究美国和英国。日本那时没有《日英词典》，与荷兰的关系却源远流长，"因此，日本只能够借助荷兰语学习英语，靠《英荷词典》和《荷日词典》来编辑《英日词典》"。几乎与日本同步，即从 1866 年开始的 4 年间，德国人罗存德编纂的 1 套 4 册《英汉词典》相继问世。总之，那时，"《汉英词典》《英汉词典》都非中国人所作，而《英日词典》

却出自日本人之手。当时中国人对英语未予重视，日本人对英语却非常重视"。这些历史现象和文化现象的背后，到底隐藏着什么？

加藤认为，1840年中英鸦片战争之后，特别是1853年日美"黑船事件"之后，日本大和民族的价值观念序列，发生了根本性的变化。随着这个根本性的变化，日本的经济、政治、思想、文化诸领域，发生了一系列全新的变化。

阅读加藤先生的《十九世纪的英国和亚洲》及其他历史著作，蒋丰感受到了历史的沉重，尤其感受到了中国近代史的沉重，同时也感受到了自己心情的沉重。

"尽管我本人对一些历史事件和历史现象的研究，尚未形成自己的系统的观念，但我愿意把加藤先生的著作介绍给我们中国读者。我觉得，加藤先生的著作，不仅能给史学界的朋友们提示一些有益的东西，而且对任何一位有历史责任感和使命感的中国青年和中国读者，都将是有益的。"——蒋丰的这番心愿，我深深地理解，并竭力配合他能将这一心愿化为现实。让人倍觉欣慰的是，中国社会科学出版社——这家闻名海内外的学术出版社的总编辑郑文林先生，副总编辑高中毅先生，副社长余量先生，国际问题编辑室主任刘颖先生，还有中国社会科学院的单光鼐先生，以及其他各位热心于中日文化友好事业的朋友们，都能理解和支持蒋丰的心愿。在大家的共同努力下，克服了不少困难，使加藤祐三先生的《十九世纪的英国和亚洲》一书中文译本得以在中国出版发行。对诸位朋友的竭诚努力和卓有成效的合作，我和蒋丰一道深表谢忱！

中国人口报社　主任编辑　杨泉福
　　　　　　　理论部主任

1990年12月23日于北京

导读　19世纪的英国社会与欧亚贸易网

本书翻译自加藤祐三教授1980年出版的"岩波新书"。所谓"新书",并非相对"旧书"而言,而是日本的一种特殊的图书种类,由各领域的一线学者执笔,用浅显平易的文字讲解某一个细化的主题,受众既包括专业研究者,也包括学生、公司职员等"圈外人"。学术圈内的专题论文注重具体的考证过程,"新书"则旨在汇总最新的研究成果、介绍作者的独创性观点,篇幅短小精悍,一般不超过12万字。写得太浅可能被同行嘲笑,写得太深则难以打动一般读者,创作小小一本"新书",实乃举重若轻的辛苦工作。

加藤先生是日本的东洋史研究者。在中文里,"东洋"通常指代日本,但在日本,历史学从20世纪初便被分为"日本史""西洋史""东洋史"三部分,"东洋史"涵盖了亚洲、非洲和大洋洲,其中又以中国史所占比重最大。加藤先生就读的东京大学东洋史学专业的中国史研究以社会经济史见长,他的第一本专著《中国的土地改革和农村社会》(1972年出版，脱胎于作者的硕士学位论文)即鲜明体现了这种治学取向。

不过，本书的第一主角却并非中国，而是英国。期待通过本书全面了解鸦片战争前后的中国社会的读者或许会略有失望，但这种立足亚洲、放眼世界的宏观视角正是本书的最大特色，也是加藤先生此后一系列东亚史著作的一贯风格。今天，"全球史"无论在日本还是在中国都已成为学界的热门话题和畅销的保证，但在本书出版的1980年，具有全球视野且能将其落实于实证研究的学者在中国和日本都为数寥寥，因此，本书堪称当时的先驱性研究。

加藤先生最核心的关切是：近代是一个怎样的时代？日本的东洋史学界向来重视"中世"与"近世"的时代划分，但在20世纪70—80年代，鲜少有学者尝试从正面回答"近代是什么"这个问题。这或许是因为在传统的进步史观里，近代不证自明地被视为"辉煌的进步时代"。

但加藤先生却对此持怀疑态度。他认为，近代最大的特点在于"各国之间的关系已经形成一种相互依存的机制"，此即所谓"近代史时代即世界史的时代"。国家之间的关系并不是单向度的，虽然英国的确在18—19世纪的亚洲贸易中占据了主导地位，但它与中国、印度之间并不是简单的"支配—被支配"关系，而是彼此牵制、互为联动。在当时那个资本和商品跨国移动的时代中，许多人体验到的并非繁荣和富裕，而是后退和贫困。

加藤先生选择用"素描"的手法呈现各国"相互依存"的近代世界——在宏大的近代世界中抽出若干个小小的切面，细致描绘出每个切面的样态，从小切口折射出"近代"的全貌。为了增加历史的临场感，他别具巧思地设计了两个时空：一个是他作为访问学者实际生活过的20世纪70年代末期的英国，另一个则是19世纪的英国、印度和中国。加藤先生仿佛一位勤劳的画师，反复穿梭于两个时空之间。

或许是因为加藤先生的视野太宽阔，描绘时又频繁变换焦点，读者在阅读本书时可能会感到被淹没在一幅又一幅的素描之中而一时迷失方向。抓住以下两条线索，可以帮助我们跟上作者的思路：第一条线索是"作为近代原型的英国"，第二条线索则是"连接英国与亚洲的三角贸易"。

线索1：作为近代原型的英国

如果说世界上不同国家被卷入"近代"的顺序各有先后，那英国可谓"近代"的牵引者，是近代的"原型"。英国之所以能在近代世界占领先机，一个重要原因自然是率先推进了工业革命。但加藤先生指出，19世纪英国的工业化，是和农村的凋敝同时发生的。

首先，英国的农业经营水平在1815年以后便停滞不前，毛纺织业又依赖于价格低廉的北美进口羊毛，导致北英格兰地区的农业急剧萎缩。

其次，自18世纪后半叶至19世纪上半叶的100年间，英国各地陆续实行了议会通过的土地规划制度，认可了地主贵族的土地所有权。根据1873年统计，4217名地主贵族占据了英格兰和威尔士土地总面积的53.7%。

以上两点相叠加，导致了英国乡村的农业就业人口急速减少。1801年英国的农业就业人口占比为35.9%，19世纪50年代下降至20%，90年代则减少至10%。那些少数留在乡村的农民，往往也不能像中国、日本或法国的自耕农那样拥有小片私有土地，辛勤耕作后享用一部分自己的劳动果实，而是为地主工作，领取工资后重新购买农产品。

另一方面，大量离开乡土的农民涌入城市，等待他们的却是艰苦又乏味的生活。19世纪初期，在英国城市中生活的工人和仆人占英国总人口的58.94%，他们每天往往要工作12—14小时。一天的辛勤劳动后，迎接他们的是只有10平方米大小的居住空间，而且这里往往还要住上5个人或是两个家庭。

劳动者们承受着肉体上的痛苦，又失去了地缘和血缘的维系，只能在酒馆中寻求暂时的解脱和酒友的陪伴。酗酒者的增加虽然被视为严重的社会问题，但酒精确实为城市中漂浮无根的劳动者们提供了慰藉，酒税也成为当时英国财政收入的重要来源。

加藤先生在序章、第一章和第八章详细描写了当下与过去的英国酒馆。这个英国代表性的社交和娱乐场所折射出的，是工业革命给个体生活带来的深远影响。

线索2：连接英国与亚洲的三角贸易

提到鸦片战争，中国的高中生首先想到的是虎门销烟，而日本高中生首先想到则是历史课本中重点强调的"三角贸易"。所谓"三角"，指的是英国、印度、中国三国。英国依靠其强大的工业生产能力把大量棉纺织品倾销到印度，印度向中国贩卖鸦片，而英国又从中国进口茶叶。

三角贸易中，中—英之间的茶叶贸易，以及中—印之间的鸦片贸易形成于18世纪80—90年代，而英—印之间的棉制品贸易则要等到19世纪20年代才稳定成立。以棉布、红茶、鸦片这三种商品为纽带，英国把印度和中国拉入了由它主导的全球贸易网络。

（1）棉布

加藤先生把英国的工业革命分为了三个时期：①18世纪后期—1850年（棉纺织业占主导），②1850—1873年（钢铁工业占主导），③1873年以后（资本输出）。由此可知，棉纺织业是英国产业革命的先驱。

英国的棉纺织业相当特殊，因为其产业链的两端都通往国外：在生产端，由于英国国内不能种植棉花，所以原料进口自北美洲；在销售端，英国国内制造的棉布有一半以上都被运输到了国外。连接起产业链两端的，是运河和海洋运输。

1820年前后，英国开始向印度输出棉布。1827年，英国对印度的出口商品中棉制品和棉纱占据首位，占总的46%，1828年达到50%，此后的整个19世纪都维持在50%以上。由于英国的倾销，印度的棉纺织业受到毁灭性打击，同时，印度也从原来的棉纺织品出口国变成了进口国。

对棉纺织业的介绍散见于本书的序章和第一、二、三、四章。

（2）红茶

对于英国来说，茶叶在18世纪的绝大部分时间都是价格高昂的舶来品。到了18世纪末期，由于关税降低等原因茶叶开始廉价化，逐渐进入到普通百姓家庭。加藤先生在本书中举了一个通俗易懂又非常有说服力的实例：通过分析18世纪80年代一个农民家庭的账簿，可以发现这个家庭每星期要购买1盎司（约28克）茶叶，由此可知，茶叶这种嗜好品已是"旧时王谢堂前燕，飞入寻常百姓家"。

虽然如今提到红茶，我们首先想到的产地是印度和锡兰，但这两个地区开始稳定出口红茶，其实要等到1870—1880年以后。在英国的茶叶消费稳步增长的18世纪末至19世纪中期，其最主要的茶叶供给地是中国。

用加藤先生的话来说，"英国人被中国的茶叶巧妙地束缚住了"。本书的序章、第二章和第四章阐述了这个"被束缚"的过程。

（3）鸦片

被饮茶嗜好"束缚"住的英国为了应对国内不断扩大的红茶消费，选择使用殖民地印度生产的鸦片来交换中国的茶叶。

1773年，英国东印度公司在占领孟加拉地区后独占了印度的鸦片经营，鸦片贸易到1790年时已经上升到相当的数量。1833年以后，东印度公司的对华贸易垄断被打破，由公司认证、被称为"港脚商人"（Country Merchants）的散商转而成为鸦片贸易的主要执行者。

加藤先生将印度的出口贸易分为四个时期：① 1800—1860年，② 1863—1876年，③ 1877—1879年，④ 1880以后。在时期①和③中，占据第一位的出口产品都是鸦片。虽然中国不是印度商品的唯一出口对象国，但对华贸易占据了当时印度出口贸易的绝大比重。

虽然鸦片对人的肉体和精神都有极大毒害，但在整个19世纪，英国都没能放弃向中国输出鸦片，中国也没能做到禁绝鸦片的流入。对于英国，如果没有鸦片贸易，印度政府就不能确保财政收入，英国主导的三角贸易便难以维持平衡。加藤先生用一个非常有趣的例子说明了鸦片贸易对英国的重要性：印度的国立中央经济博物馆位于印度的第一工业区和最重要的港口城市孟买，而出任馆长的，是一位曾在1881年给《泰晤士报》投稿宣称"吸鸦片能够促进身心恢复"的药物学博士。

而对于中国，鸦片的税收和厘金既填补了清政府的财政收入，又支付了战争赔款，还成为清政府向国外借款的担保。加藤先生认为，"李鸿章等人对禁运鸦片之所以不明确表态，就是考虑到这种财政上的原因"。可以说，鸦片已经深深嵌入了中、英、印三国的经济结构之中。

"鸦片"堪称本书登场频率最高的关键词，序章以及第五、六、七、九章中均有对鸦片贸易的详细分析。

本书是经济史与社会史的巧妙结合。经济史爱好者可以在大量的数据和图表中找寻英国跨国贸易的逻辑；社会史爱好者则可以从有关酒馆、鸦片、饮茶、公园的描写中想象 19 世纪的英国社会。

本书出版后的 40 多年间，以英国和亚洲的国际贸易为主题的专著接连出版，包括网络数据库在内的各种史料也大量公开。学术著作只有在被不断对话、质疑和超越中方能成为经典。希望本书的再版，能够引发新一代学者的讨论和回应。

殷晴

日本同志社大学全球与地域学部助理教授

2024 年 7 月

目·录

序　章　点描 / 1

第一编　近代英国的风景 / 25

　　第一章　村落生活——1790年 / 27

　　第二章　人和交通与情报 / 48

　　第三章　都市化的浪潮 / 79

第二编　19世纪亚洲的三角贸易 / 97

　　第四章　红茶和棉布 / 99

　　第五章　鸦片贸易 / 122

　　第六章　鸦片的生产 / 144

第三编　英国和亚洲　/ 155

　　第七章　英国国内的鸦片　/ 157

　　第八章　酒馆与禁酒运动的产物——娱乐　/ 173

　　第九章　英国和亚洲　/ 189

后　记　/ 202

附　录　/ 205

参考文献　/ 207

序章　点描

伦敦再访

17个小时的空中旅行毕竟是太长了，不免觉得稍稍有了些厌倦。机舱内配置的地图也已经看腻了。虽然有意想回顾从"极东"岛屿飞向"极西"岛屿的自己，却没有什么实际的感受。对于时间的感觉似乎也消失了。

总算踏上了大地，又变得像个真正的人了，心中不禁轻松起来。明治三十三年（1900）9月，从横滨港乘船出发，历经40天后到达伦敦的夏目漱石，不仅精神非常紧张，心中还充满了大干一场的念头。这或许是面对异文化时的一种失落感吧。大约在来伦敦一年半以后，夏目漱石才使自己的心情从被束缚的紧张感中解放出来，开始"用轻快的心情眺望雾都伦敦"（《我的个人主义》，1914年）。与此相比，那些已经习惯于异国机场却没有异国国籍的现代人，即使是到了外国，也没有什么失落感。如果说稍微有点紧张的话，那可能是来自语言的障碍。我们作为现代人，常常是要刻意探索不同文化与不同历史之间的差异。许多事物表面上看起来非常相似，实际内容却并不相同。

伦敦机场尚处于黎明之际，我只好喝着味道并不很香的奶茶来消磨时光，并趁机给安娜打个电话。这里的公用电话不是先投币再拨号，而是先拨号，确认对方已经拿起话筒后再投币。投币时还需要点儿技巧和力气呢。如果硬币没有投进去，那么即使你能够听到对方的声音，对方也听不到你的声音。我打第一部电话时，硬币怎么也投不进去。改换打第二部时，不知怎么搞的，一点儿声音也没有。直到打第三部电话时，才总算和安娜通了话。她告诉我，连接机场和市中心的地铁还未开通，只能乘公共汽车进城，她在汽车的终点站等我。

15年前曾在这里短暂居住过的记忆又复苏了。我登上双层公共汽车的第二层，坐在最前面的座位上，视野豁然开阔。与15年前相比，道路拓宽了，其他没有什么显著的变化，这样倒使我安心下来。若是在东京则不行了，就连我这样在东京土生土长的人，如今也常常迷失方向呢。而伦敦的街道在15年间似乎没有产生这样的巨变。说到巨变，很久以前倒是有的，那是在19世纪后半叶，就像日本明治维新时期的变化一样，令人惊叹不已。

我来英国（公费7个月，自费7个月）进行学术研究，是要对"英国对于19世纪东亚的作用"这一课题做出结论。有关这个课题的资料在英国非常丰富。由于资料过多，即使用上一两年的时间，也未必能够获得满意的结果。必须集中焦点解决一个问题——这样的念头在我心中油然而生。但是，总带着一个职业者的目的意识去观察问题，会不会因此失去自己独立的看法呢？在出发前完成的书稿校样中，我曾写道："即便是短暂的旅行，也要通过旅行去思考历史。这在现代，不，不仅是现代，可以说在任何历史时期都是非常重要的。'旅行是历史学家之母'这句话，我想对于古今东西从事历史学研究的人都是适用的。有一种方法是，先从文献上得知史料，再到实地去考察验证。我认为这是一种旁门左道。应该抓住并且探求那些文献资料上没有告诉我们的事情以及只讲了一部分的史实，我想这才是旅行的意义所在。旅行可以给人思考历史的机会。把在旅行中通过直观而获得的东西，经过沉淀过滤后充实注入死气沉沉的文献资料中，可以赋予它新的生命力。个人的体验是有限的，而众人创造和积累的资料则是无限的。扩大自己体验的范围，增加感性认识，锤炼自己的理论，使无限的资料迸发出新的生机。"（加藤祐三，1977，见卷末参考文献目录。）

我很愿意到英国以及欧洲大陆去旅行。我不仅欣赏"百闻不如一见"的说法，更想付诸实践。

鉴于英国对19世纪的东亚（特别是中国和日本）起了重要的作用，于是我想把"英国对于19世纪东亚的作用"这一课题带到英国来做，因为这里的资料非常丰富。按理说，我应该立即去图书馆和文书馆才最有成效，但我有些犹豫。在不了解英国的情况下，仅把英国所藏的资料浏览一遍，似乎意义不大。不了解英国人考虑问题的方法，那么对于他们据此而写出来的外交文书和贸易统计就不能够很好地利用。也就是说，不了解英国和英国人，单单去阅读他们的行动记录是毫无意义的。但真要在英国把问题展开的话，时间上又不允许，到底怎么办才好呢？

"到时候再说吧"，我自言自语道。此刻，坐在身旁的妻子一边兴奋地观望着四周，一边和女儿谈笑着。我暂时中断自己的思绪侧耳细听，她们好像在谈论维多利亚车站。安娜带着儿子米克在车站等待着我们。住在下伦敦商业区繁华地带的安娜，是一位对未来充满信心的、有朝气的近代史学家。我们叫来一辆出租汽车，装上所带的大量行李，不一会儿便到了她的家。住所周围没有树木，正在拆除的砖木结构建筑物旁边，有一些被拆下来的木材正在燃烧，据说这样可以防止蛀虫病扩散。安娜的住所是一座有10间房的砖木结构小楼，一楼住的是另外一家人，安娜一家住在二楼和三楼。

我们稍微休息了一下，又闲谈了一会儿，便到10点钟了。窗外不时传来工人们的谈话声。由于一夜未睡，我感到脑袋有些发沉。安娜的丈夫沃尔特是位身材魁梧的男子汉，他一边给刚刚出生几个月的小女儿喂奶，一边大声地讲话。他说喂完奶后，要到附近的市场去采购，然后要去酒馆。在距离他们家20米左右的地方，有一个他们很熟悉的酒馆。

我们拉着带有轮子的藤篮车,一起去市场采购。在禁止车辆通行的道路两旁,摆满了柜台,不时还有几家店铺。这条街看上去大概要有 1 公里。路边的柜台上出售蔬菜、水果、服装、杂货等各种各样的商品。店铺有肉店、面包房、快餐店、衣料店等。相对来说,店铺里卖的东西要比路边柜台上卖的东西价钱贵一些,档次也高一些。到中午 12 点钟,路旁的柜台就要撤下去,这或许相当于早市。虽然不是星期天,但这个时候还是非常拥挤,洋溢着热闹的气氛。沃尔特大声招呼着。柜台上有用盐水腌制的鲜贝,还有装在透明小塑料瓶内不知叫什么名字的食物。用罗马字将自己名字的字头刺在手臂上的小伙子,也在欢快地叫卖着。沃尔特叫我品尝一种略带酸味的像鱼冻一样的食物,味道很不错。在吃之前,我再三问这是什么东西,沃尔特都是笑嘻嘻地不告诉我。看到我吃得有滋有味,他才开口问:"知道是什么吗?"我虽然觉得好像是鱼,但究竟是什么鱼就不清楚了。"是鳗鱼。"啊,果真如此,回味一下确实是鳗鱼,味道美极了。不一会儿,我灵机一动,给沃尔特讲解鳗鱼在日本的烹饪方法。告诉他鳗鱼是先清蒸再干烧,然后浇上佐料汁再放到米饭上吃的食物。这次轮到沃尔特沉默不语了。"味道不错吧?"我不停地追问,他只好耸了耸肩。对于在香港居住了很长一段时间,即便是很粗糙的食物也能够狼吞虎咽般地吃下去的沃尔特来说,像鳗鱼串这样可谓天下第一品的美食，恐怕连想也未曾想过。

在采购了小山般的食物后，我们来到那家酒馆。可能是时间还早，酒馆里显得空荡荡的。未过多久，顾客就多起来了。有的人就着一杯啤酒吃三明治，有的人喝得满脸通红，还有一群人在热热闹闹地比赛。这种比赛叫飞镖，比赛者面对直径大约40厘米的一块圆板，用长度为15厘米的尾部带羽毛的箭镖向圆板投掷，根据投中的地方得分竞争。比赛看起来简单而热烈。沃尔特对这种比赛非常热衷，几乎是一手承担了比赛的组织工作。细想想，与其说他们对比赛有兴趣，莫如说这种社交的场合和畅饮的机会对他们更有吸引力。

我突然发现，他们讲的话我几乎听不懂，和我所掌握的英语完全不同。原来这是一种叫作考克尼的方言（下伦敦的土话），对于我来说犹如听天书一般。在我请教了这种语言的发音规则后，才能够多少猜出一点儿意思，但总的来说还是不懂。沃尔特不无得意地告诉我："我也要花上相当的时间，才能渐渐明白他们说的土话和隐语。"对考克尼土话也听不懂的安娜，给我简明扼要地讲述了英语的历史，她告诉我有的方言她一点儿也不懂。这使我想起少年时代的我在新潟县的一个渔村里，也曾对当地老人的语言感到费解。后来由于电视和收音机的普及，许多既能够讲方言又能够讲标准话的人，渐渐丧失了讲方言的机会，只是在标准话的音调中还残留一些方言的特色。

酒馆的营业一般是白天3个小时，晚上再开5个小时。不同的城市，酒店的营业时间也不同。在伦敦，商店大多是晚上11点钟关门；在利兹，商店一般是晚上10点半结束营业。白天与夜间的客流量差别很大。许多饮食店，白天供应快餐，晚上却没有下酒菜，即使有的话，也不过是袋装的花生米或土豆片。如果自己有比较宽敞的住宅，自然可以把客人请到家里来。如果没有这样的住宅，那么酒店便成为最合适不过的社交场所了。英语中酒馆（pub）一词原来是public house（公共之家）的缩写。到了近代后，几乎所有的土地、建筑物都确立了私有权。公共（public）的反义词是私有（private），甚至有"禁止入内"的意思。对于普通老百姓来说，可谓公共场所的只有酒馆和公园（公共花园）了。由此看来，酒馆还带有近代的色彩和特征。在喧嚣吵闹的考克尼方言中，我感觉抓到了英国近代史的一丝线索。但真正去研究，还是在阅读了文献资料以后的事情。

东方对西方的影响

乘上抵达伦敦那天傍晚的火车，我很快到达了利兹市。利兹市位于伦敦以北大约300公里，从地理角度看，类似东京和仙台的关系。利兹大学内设东亚研究系，我的一位朋友在此任教，因此我决定先在这里住下。

与日本不同的是，在英国即使是乘特快列车，也不需要追加票价。从伦敦始发的列车通往四面八方，其中向北延伸的线路中有一个名为"国王十字"的车站，东京的上野车站就是模仿该车站建造的，在这里我很自然地想起了上野。利兹车站则是像东京站那样的可以双侧发车的车站。在大约3小时的旅途中，我透过车窗眺望那宽广无际的牧场，从秋收后的田野上泛起的袅袅轻烟中，嗅出了金秋的气息。不久，绚丽的夕阳开始徘徊在地平线上。随着黄昏时分的降临，列车驶入利兹市。铁路沿着河岸穿过低湿地带，厂房旁边的护城河缓缓流动。破旧不堪的砖房四处可见。列车就在这破旧房屋的行列中徐徐穿过，渐渐减速，缓缓开进车站。

此刻，戴里亚一家人正在车站等待着我们。看起来，戴里亚和在东京时没有什么两样。刚刚生育了第二个孩子的她，仍然是那么精神，轻轻松松地就把我们的大件行李搬运下来。不过，我猜想她站在大学的讲坛上时，一定是另一副表情吧。第二天，我们去银行开立账户和在警察局填写外国人登记表时，戴里亚又充分地显示了她那良好的教养和作为一位漂亮女性的魅力，使我们感到十分有趣。她专攻中国现代史（妇女问题），现在大学教授经济史。

利兹车站附近的工厂地带，是18世纪末期以来工业革命发展的结果。北英格兰西部的曼彻斯特市是以棉纺织工业为起点、东部的利兹市是以传统的毛纺织工业及麻纺织工业为中心进行工业革命的。这些在工业革命中形成的城市都不是沿海城市，于是人们便从外国船只能够进入的港口到这些城市之间开凿了运河，运河两岸也因此形成了工业地带。英国第一条铁路就是1834年修筑于利兹市的。

后来得知，若是要研究英国农业革命和工业革命，利兹市藏有许多文献资料。我虽然未能看到这些资料，却亲眼在利兹见到了许多英国近代史的文物，并发现了一些预想外的资料，这也是很幸运的。

我要研究的课题是英国对于19世纪东亚的作用，换而言之也就是西方对东方的影响。关于这个问题，在我以前发表的著作中有所涉及，也有一些具体的见解。现在需要进一步整理资料，分析英国为了统治殖民地怎样进行技术教育，殖民地经济的形成在英国资本主义走向发达的过程中处于什么样的地位，19世纪英国对中国和日本态度不同的原因是什么？中国在鸦片战争（1840—1842）中与英国交锋后被迫打开国门，日本则凭借着不流血的《和亲条约》①（1854）和《通商条约》②（1858）打开国门，这究竟是为什么？与此同时，英国的社会也发生了很大的变化，那么其对外政策又是如何变化的呢？……探讨这些问题，必须结合英国近代史来

---

① 即《日美和亲条约》。
② 即《日美友好通商条约》。

考虑。

提到西方对东方的影响时，许多观点认为，包括议会制度、工业革命在内的先进文化在东方得到了传播和普及。似乎不这样认识，曾向外国扩张的经济先进国就会被冠以"恶魔"的称号。事实上恐怕并不这样简单。接受先进文化的一方，并不可能将其作为完美无缺的典范完全加以吸收；而拥有先进文化的一方，抛开那些狂热的宗教传教士不谈，他们当时好像对自己的文化了解得并不很清楚，并不拥有很强的自信。从当时远到日本、中国和印度的英国人的回忆录和日记里，我们还找不到有价值的资料，能够体现他们的思想，特别是他们对自己文化的态度。若从思想文化传播的角度出发，对这些人物进行分析，结果会一无所得。

倘若一定要为西方曾对东方有影响而树立一个坐标的话，那么首先应该为东方对西方曾有过很大影响而树立一个坐标。英国从中国购买红茶，渐渐从一种单纯的嗜好品转变为一种生活的必需品，正是因为有了这种固定的需要，又使白银因购买茶叶而大大减少，英国不得不通过向中国出售在印度产的鸦片来夺回白银。这一切虽然都已经写在了历史的书本上，但对那种实际状况不一定了解得很清楚。对红茶的需要是在什么时候固定下来的呢？这件事情难道与农业革命、食品结构的变化、工业革命、都市化等一系列变革没有关系吗？英国社会构造中究竟有哪些方面受中国红茶的制约呢？

作为工业革命前导的棉纺织工业（1760—1850），本想在满足国内需要的同时也向国外出口。如果能够向中国出口棉布，那么红茶与棉布的双向贸易就能够成立。但后来为什么转而向中国输出鸦片了呢？这种如果不输出鸦片就无法形成的三角贸易，其原因是什么？是怎样形成的？

在无法栽培棉花的英国却崛起了棉纺织工业，并主导了工业革命，这本身应该对外有些影响。但从18世纪60年代开始到工厂制棉业兴起之前，在英国受到青睐的纺织品却是印度产的白布和中国产的南京布。那些想让自己的工厂也生产如此华丽纺织品的英国资本家们，他们所接受的又是什么样的文化呢？

东方对西方的影响，确切地说，应该是一种文化的触发力。当然，除此以外还有很多别的东西，比如说陶瓷就是一种。中国清朝时向英国出口的青瓷，曾促成该产品在英国的国产化。还有，为了得到工业革命所必需的铁和新的合金，英国引进并分析了中国"钟"等东西的合金。这样的科技活动在18世纪末期变得非常活跃，英国每个城市都成立了相关研究的团体，并很快向工业学校和大学渗透、发展。当然，在历史悠久的剑桥大学、牛津大学，由于只有关于神学、哲学、文学的研究，便与这些新的科技活动没有发生关系。

我一直没有忘记要用实物验证一个假说，这个假说是曾经教授过我中国农业史的熊代幸雄博士提出来的。

他认为作为英国农业革命杠杆的新型犁和播种机，是荷兰人通过东方贸易从中国引进，在18世纪又通过荷兰传入英国的。正如著名画家米勒在其作品《播种人》（收藏于日本山梨县美术馆）中所描绘：当时农民用右手从左肩上背负的口袋中掏出种子来撒向田间。如果要将这种散播的形式改为条播，那么就需要做出一种新式的、轻便的犁来配合使用播种机。早在公元前的汉代，中国就已经开发出这种犁和耧（即播种机），至今有2000多年的使用历史。用运输红茶的船舶或者用运输瓷器的船舶，将这种农具带回欧洲，这样的事情恐怕不会少吧？就像在日本有田烧制的陶器因为使用了浮世绘做包装纸，而意外地使浮世绘名噪一时。这些农具输往欧洲后登陆的地点如果不是荷兰的鹿特丹，也许就是意大利的威尼斯。

被命名为罗扎拉姆犁的英式新型犁出现于18世纪30年代，这是众所周知的。罗扎拉姆是利兹南部一个以生产钢铁而闻名的小城镇，距离荷兰很近，船舶可以从海口沿河逆流而上到达这个城镇。这些虽然是清楚无疑的，但我想收集一些实物和照片作为研究假说的实证，结果却没有办到。

就这样，在一瞬而出的思绪中发现新问题，在索求资料、与友讨论时又发现新问题。举例而言，有关英国文官录用考试制度的最初法令是1855年颁布的。但后来在阅读资料时得知，这个制度的采用是受中国科举制度的启发（Ssu-yüTêng，1942／43；R.Dawson，1976）。虽然这个问题我很想研究，但真要把问题展开，我又有一种恐怖感，因为时间并不允许。在利兹居住期间，忙得我就是在乘车的一小时里也要阅读曼彻斯特市的资料，一个月里有1／3或一半以上的时间要去伦敦，要出席研究会，要和朋友见面，还要去剑桥大学、牛津大学、雷丁大学和汉普敦的图书馆去查阅资料。持续这样的生活，使我感到疲倦不堪，大脑也似乎有些不听使唤了。尽管有了新的想法，也做了些笔记，但此时真想忘记这些。可一旦打开笔记，把资料放在眼前，脑海里又会扩展出许多联想。如果得知与此相关的资料在何处，我第二天又会起个大早，乘车匆匆寻去。

三个假说

到英国后，我根据报纸上的广告按图索骥，买了一辆半新的小汽车（雷诺—Ⅳ）。这辆车的价钱在当地看来是比较便宜的，但与日本的旧车价格相比还是很贵的。买回来不久，这辆车的状况便一天不如一天。我几次开车到附近的汽车修配厂进行检修，结果发现前轮的车轴有了裂缝。在英国，每到冬季，为了防止路面结冰，通常要往路面上撒盐，这样也就使车身底部长满一层厚厚的铁锈，导致我这辆车前轮车轴出现裂缝的原因或许就在于此。看到这种情况，我感到有些害怕，只好又换了一辆车（雷诺—XI）。开车途中，我时常离开高速公路，驶进村镇去看看。现在使用的公路网的主要干线，几乎都是18世纪前半叶修建的。在此之后的18世纪后半叶到19世纪前半叶间，由于实行议会圈地运动，许多道路是被具体指派划定的。尽管当时的英国实行的是三圃制的农耕制度，但没有像日本那样修建了田间小路，也没有把田间小路扩展为公路，而是通过圈地运动来特别指派划定公路。道路的宽度是为马车能够通过而确定的，因此即便用今天汽车时代的眼光来看，也是相当宽敞的。

进入城镇或乡村，大都能够见到一个小型广场，周围有商店、饭店和酒店。只要问问当地人，立刻就能够知道哪家酒店的饭菜味道最香。如果嫌酒店太嘈杂吵闹，不妨用散步来消磨时光。到了晚上，只要找到门前挂有B&B（床和早饭）招牌的房屋，住宿问题就解决了。走的地方多了，也就习惯了。即使是初次到一个小镇，只要找到B&B招牌集中的街道，自然就明白了。不明白的话，可以到酒店去问问。一般酒店的房屋都是很引人注目的，没法视而不见。所谓B&B，就是备有早饭的民间小客栈，比城市里价格便宜的旅馆还要便宜。有时，店主人把我领进看起来很高级的房间，却收取非常低廉的房钱，以致使我感到是收错了钱。

令我高兴的是，由于一个偶然的机会，我发现了温泉浴场。浴池的形式和日本的不相同，都是单独的房间，池子比较浅，蹲下去时泉水能够没过肩膀，现在以经营温水游泳为主。在英国，温泉用于治疗疾病和休养，曾经风靡一时，并在18世纪末达到顶峰（R.B.Jones，1971）。进入19世纪后，温泉之风开始在欧洲，特别是德国盛行。如果调查一下19世纪国际会议的地址，就会意外地发现很多会址都处在有温泉的地区（E.J.Hobsbawm，1975）。现在在英国，要想找到温泉，是需要费点精力的，以致大部分人对温泉是否还存在抱有疑问。我在旧书店买到了一本虽然很旧但内容相当不错的旅游指南书籍，看到上面写有温泉的地点，我便去寻找，结果发现那里都已经改建成饭店了，令我非常失望。19世纪后半叶，随着英国铁路的发展和禁酒运动的推行，兴起了以消遣为目的的旅游之风，涌现了以托马斯·库克为开端的许多旅行社，并发行了相当数量的旅游指南手册。在姆雷等人著述的旅游手册中，记载了许多已经被现代英国人遗忘了的乐趣活动。不仅如此，从这些旅游手册中还可以看出，像旅行、海边度假、登山等现代娱乐活动，在19世纪中叶以后就已经出现了。

虽然说又要旅行，又要为看资料而东奔西跑，但最花费时间的还是跑利兹大学图书馆和文书馆（英文简称Y.A.S），以及伦敦大学的亚非学院（英文简称SOAS）和剑桥大学图书馆。属于地方大学的利兹大学，图书馆使用起来非常方便，能够直接看到书籍报刊。复印资料时，需要自己把书拿过去，不过我对此倒不感到厌烦。

这里复印资料所收费用，比伦敦要便宜些，且复印机也是我所熟悉的日本产品。除假期以外，每天开馆至晚上10点钟，的确让人感到方便。

利兹大学的前身是一所商业专科大学，因而有关外国贸易统计和国内产业调查的资料，以及英国议会文件、旧报纸、旧杂志，都收集得相当全面。伦敦的大英图书馆藏书量虽然很大，但借一本书至少需要30分钟，复印一页资料则需要三天的时间。此刻，我深深地感到，机构庞大，工作效率就会下降。只要有可能，我就尽量不用这所图书馆。我通过利兹大学的图书馆向其他图书馆借阅，看到了一些有用的资料。但有些珍本，即使是在图书馆之间也不能借阅。而我又不能前往该馆，便只好作罢。

在档案馆，我找到了一些珍贵的原本资料。值得一提的是，该馆虽然是每天开馆，但专业工作人员每星期只能来馆3次，因为他们同时在其他的档案馆兼职。入馆后，立刻能够感到一种温馨的家庭气氛。上午10点钟和下午3点钟的时候，馆内还提供茶点。我常常在这个时候和馆员们一边喝红茶一边闲聊。他们帮助我阅读那些令人费解的文字，帮助我查检方言词典，这种无拘无束的交往，让我感到真是求之不得。另外，在剑桥大学图书馆、汉普敦的图书室、雷丁大学的附属博物馆和特许图书馆、E. 普罗的个人藏书室等一些规模不大的藏书机构里，也有许多珍贵的资料。每当看到这些，我便情不自禁地增加了干劲儿。

在英国生活期间，我感到自己的脑海里常常浮现出一幅英国19世纪时代的画像。我治史多年，还是第一次捕捉到如此具体的近代世界史的画像。对于某些一知半解的问题，我总想把它搞清楚，但时间不允许。如果一个主题一个主题的去研究，不能解决的问题还是很多。问题的本身就是无限的，在旧的问题没有解决的时候，新的问题又出现了。尽管如此，我还是清晰地感受到近代史的画像在脑海中第一次形成了。在此之前，我是从东方的角度、从亚洲的角度来考察近代史，其思考的结果在已经出版的著作中能够见到。现在看来，当时的一些想法带有许多局限性。到英国以后，我开始从英国的角度来观察近代史，一方面想对自己已经形成的某些观点进行调整，另一方面又担心引起思维的混乱。调整自然会引起混乱，这对当事者来说实在是一件痛苦的事情。

显示着古典型发展结果的近代英国，发展过程如何呢？我试图对这个课题进行一次冲击。然而我发现自己已经形成的一些观点，仔细推敲起来不过是一种假说而已。尽管我知道建立这些假说的重要性，但又在反复考虑论证是否充分？利用别人设立的假说作为唯一的论据能够进行证实吗？在某些学科或许可以，但在我所学的专业中，不正是因为这样做不行，才要建立自己的假说并进行实证和叙述的吗？这也许就是所谓的"自我奋斗"

吧。尽管要经受不少失败和挫折,但我还是不愿意放弃这种思维方式。

虽然有这样的信念,但在英国近代史研究方面还是"门外汉"的我,能够在这个领域里坚持自己的假说吗?我心中还是没有底。我初步阅读了从日本寄来的有关英国史的概说、研究、入门等书籍后,觉得受益匪浅。令我感到不解的是,为什么英国史学家们口口声声称"所谓近代史的时代就是世界史的时代",但在历史研究中又只关心英国的事情?我接触到的英国史学家大都如此。也许他们并不是只对英国国内的事情感兴趣,而是还没有把涉及其他国家历史内容的论文作为研究成果拿出来发表吧。每当我看到那些仅仅反映英国历史的文章,便忍不住要说上几句话。

我决定把这些不满,向身为英国人的英国近代史研究专家们提出来。在伦敦期间,我曾出席了霍布斯·鲍姆和汤普森分别主持的两个研究会。研究会上提出的报告和进行的讨论非常深入细致,有些内容已经超出了我所掌握的知识范围。可以说,这是一个由专家们组成的研讨班,是研究英国近代史的专家集团。两个小时的研究会很快就结束了,会后我们到小酒店去饮酒闲谈,我感到此刻刚刚进入正题。在小酒店内展开的热烈讨论,对于我来说是非常有益的。此后,V.贝里其和安娜又送给我不少资料。在经常借宿的 R.萨米爱鲁的家里,我和也在那里借宿的草光俊雄以及主人做过彻夜长谈,这对我来讲也是非常难得的。

他们都是英国历史的研究者,在英国近代史的研究方面更可以称得上是一流的专家。随着谈话的深入使我感到不安的是,每当谈到鸦片战争、中日关系以及明治维新等问题时,他们都显出并不很关心的样子。他们对于这些问题的知识水平和理解能力,实在令我这个东洋史学家着急。因此,我在从他们那里吸收有益观点的同时,也不断向他们讲述一些必要的知识和问题。他们在听我讲话时所流露出来的惊异的表情,使我感到已经抓住了他们的注意力。想想也不以为奇了,许多身为日本人的日本史专家对朝鲜、泰国、英国、印度等国家的历史问题同样是不关心的。但我也观察到英国史学家们的一个新的动向——他们在刻意研究本国历史的同时,也开始对世界近代史中一些还未有答案的问题进行探讨。比如,在本国近代史研究的方面,他们不仅仅对其光辉的一面给予褒美之词,而且把应该否认的一面也加以考虑,进行必要的综合分析。作为研究的延续,他们也渐渐注意到本国与外国的关系、与殖民地关系的历史。他们意识到了自己的不足,也发现我所流露出来的不安和表达出来的不满,不仅仅是我个人的想法,也是他们所需要注意的东西。

我曾想根据自己建立的几个假说,把正在形成中观点里的混乱之处加以解决,但不是对每个问题进行单独的回答,也不是像运用几何公式那样证明什么。因为所叙述的问题非常广泛，所以只想说明它是处于什么位置的假说。我的假说大致可分为下列三点。

对于一个时代的认识，往往是在这个时代结束之后。时过境迁，旧的局面已经流逝，新的局面还未打开，此刻就需要根据以往的认识，来把握不同的现实。但是，人类的认识与现实总存在着距离，在今后的历史发展中，恐怕也会如此。也就是说，随着社会的日趋复杂，情报量的日益增加，这种距离也会变得更加明显。

在近代，每个国家和民族，都不能够脱离整个世界而孤立存在。这也就是通常所说的"近代的时代即世界史的时代"。各国之间的关系已经形成一种相互依存的机制。当然，在大千世界里，有支配与被支配的对立局面，即一部分地区支配他人，另一部分地区受人支配；也有作为一个整体相互依赖、相互影响的局面。在不同的时期和不同的情况下，支配与被支配的意味对双方来说是完全不相同的。

在19世纪，这种意味作为世界的特征清晰地显示出来。我之所以对19世纪的世界史发生兴趣，就是因为该时代显示出了这种清晰的特征。在现代，尽管由于社会政治经济关系的日趋复杂，这种特征显得不易把握，但还是应该能够抓到一些线索的。这是我的第一个假说。

有一种观点认为，先进的文化，犹如水要从高处向低处流淌一样，一定会波及全世界。对此，我是不敢苟同的。虽然从某些角度、某些侧面来看，的确是这样，但从整体来看，作为施与影响的一方，也同样会受到对方的影响。这种相互影响的关系，应该比通常所说的那种单方面给予的关系更加符合实际。我把它称为"世界史的同时代性"，这也是我考察的第二个假说。

现代与19世纪关系的假说，19世纪时期文化关系的假说，由这两种假说产生了我的第三种假说，即现代文化相互关系的假说。今后，这种关系会更加密切，相互依赖性也会越来越强。这种关系的实际发展要比人们的认识快得多。把这三个假说联结起来并不是很容易的事情，这也不仅仅是历史学家的工作。但是，历史学家应该胸怀此志，因为这对于历史学家来说是一种无限的希望和梦想，甚至可以说是历史学家工作的最终目标。

第一个假说所指的就是19世纪的世界，特别是英国与亚洲的关系，就是那种既相互依存又有支配与被支配的关系。不仅是我个人，许多人对此也是有怀疑的。我打算再现当时的历史实像，并勾画一幅新的图像。

当时英国国内的变化，首先表现在农村生活的变化（见第一章），交通网的发达，情报网的发展（见第二章）。城市化的进程方面，其上下水道与住宅环境的完善直到19世纪后半叶才艰难地完成（见第三章）。

比国内交通网（道路、运河、铁路、公路）开发更为迅速的是海路的开发。各国的珍品也因此而来到英国。从中国进口的茶叶，在18世纪末期几乎改变了英国人的生活习惯并且在英国持续下来。从印度和中国进口的棉布则改变了英国人的服饰。英国人想在本国生产这种棉布，于是主导工业革命的棉纺织工业便在18世纪后半叶勃然兴起（见第四章）。

从中国进口茶叶的英国，自然也想向中国出口商品。它原来打算将本国棉纺织工业的产品向中国出口，但中国自产棉布已经在本国确立了牢固的市场，于是这个打算便落空了。于是，英国把从印度栽培的罂粟中提炼出来的鸦片向中国销售，鸦片贸易从而成为19世纪亚洲三角贸易的钥匙。它没有因鸦片战争的结束而结束，相反在战后急剧发展起来，在1880年到达高峰（见第五、六章）。

不仅是在印度和中国发生了鸦片问题，英国国内的鸦片消费量也是惊人的。英国人并不是吸食鸦片，而是把鸦片酿成液体，冲淡后饮用。1880年前后形成第一个高峰，第一次世界大战期间（1914—1918）达到第二个，也是真正的高峰（见第七章）。这个事情是鲜为人知的。

19世纪后半叶至20世纪初期的英国，处在一个令人吃惊的酗酒时代。在高峰期的1880年前后，酒税占国库年收入的40%。同时期正在迎接明治维新的日本，却没有留下这样明确的记录。作为酗酒的反对面，英国兴起了禁酒运动（见第八章）。然而，在英国虽然有过反对鸦片贸易的舆论，却从未掀起过禁止鸦片运动，大概是英国人认为酒精之害要甚于鸦片之害。

扭转酒精嗜好的，是公园和图书馆等公共设施的建立、火车旅游热的兴起、各种近代体育运动的诞生，这些大都是在19世纪后半叶普及的（见第八章）。我们现代人所熟悉的一些东西原来是如此出现的。或许有人认为这些东西就代表着近代，其实这只不过是近代的一个侧面而已。我们随着历史走到今天，又回到日本、中国、印度等国所在的亚洲（见第九章）。

19世纪，英国鸦片、红茶和棉布的对外贸易与地区的都市化、生活习惯的改变等与英国国内的社会变革有着深深的内在联系。社会史的研究最近在英国有了进展。那么，如果能够把英国通过对外贸易与世界沟通的时代，特别是把英国与亚洲的关系用一幅图画描绘出来，对于笔者来说则是喜出望外的。

第一编
近代英国的风景

第一章
村落生活——1790 年

英国之春

3月,英国南部的英格兰,随着春天的到来,垂柳枝绽出了嫩芽。

刺骨的寒风仍像严冬时那样强劲,飞快地呼啸着从牧场与尚未变绿的田野上掠过。我坐在火车和汽车里,还觉不出寒风的威力到底有多大,一旦徒步走到牧场上,就会感到无拘无束的狂风在一望无边的荒野上发疯般肆虐,即使把身体躲在用作地界标志的半人高的石墙后面,也不能逃避狂风的袭击。

新蕾初绽的嫩柳,在一望无垠的牧场地上,只不过是孤零零的几个小点。在它的附近,小河缓缓地流淌。我站在小坡上放眼望去,淡绿色的嫩柳点缀在蜿蜒小河的中间,河水轻柔地在绿柳丛间穿行。

威尔士的最高峰是海拔1000多米的彭奈恩山峰,从该峰以北的英格兰来到苏格兰南北走向的山麓,高度一下降到海拔600多米，山峦起伏，河流湍急，可谓奇景。到了诺福克或者剑桥农业区域，几乎都是平坦无垠的沃野，和各处皆有山峰的日本相比，有一种空荡荡的感觉，似乎没有什么可以依靠了。

在这里，若细细观察着太阳的升落，可以感受到地球的旋转。冬至之日，下午4点钟以前，天就完全黑下来了。而在春分降临的3月，即使到了6点钟或更晚一点时间，仍然可以看见西坠的斜阳。进入5月后，到了晚上9点钟，天还很亮。5月下旬左右，晚上9点半时天仍然不黑。在夏至前后，要想看到夜色的天空，必须等到夜里11点钟。望着被电石灯辉映的夜色朦胧的街道，心里竟被这短短的夜晚搞得莫名其妙而不知所措起来。

位于英国南端的伦敦，其纬度与北海道以北的堪察加大体相同，在英格兰的北端，几乎有类似"白夜"的现象，与每天都是阴郁不晴的冬季相比，5月至9月的夏季倒是有趣的。冬季里偶尔有太阳露面，阳光下的人影和树影显得格外地长，到了春天以后，一下便会感到影子变短了。

进入5月下旬，气温立刻上升。在天气晴朗的日子里，无论是公园的草地上，还是居民楼的楼顶上，到处都是身着泳装的人们，脱掉衬衫的人们，不分老少一齐进行日光浴。虽说微风拂过稍有凉意，但阳光照射下的肌肤却感到很惬意。赤裸着上半身在室外进行劳动的身影，在日本亦然，但日本人是因为天气炎热而脱衬衫，英国人则是因为享受日光浴而脱衬衫。日本人的习惯是躲到树下稍事休息。在日本人看来，赤身裸体晒太阳，简直是对太阳的一种亵渎。英国人则不是这样。佝偻病又被称为英国病，病因之一就是由阳光不足引起的。因此，在天高气爽的日子里，人们纷纷走出办公室，尽情享受日光浴的乐趣。在英国，阳光被看作来自大自然的、宝贵的、值得珍重的恩赐。

此刻，各种树木也一齐绽出新芽。当日本的八重樱花盛开怒放时，这里七叶木的大树也开着朵朵鲜花，梧桐花的芳香在村间弥漫，最能体现春之绿的柳树，将其身躯隐于其间，不仔细看还很难发现它的倩影。叶色铜红的海滨桧大树，在这片绿的海洋中，格外引人注目。

和日本的樱花一样，这里的树木也是由南向北渐渐染绿的。从利兹去伦敦的途中，我曾为春天里蓓蕾开放形式的不同感到惊诧不已，从伦敦乘汽车和火车返回时，由于是在夜间迷迷糊糊的，只感到寒气从脚面渐渐地往上移，心里知道又回到北方了，坐在汽车里，看着"M1"高速公路两侧"THE NORTH"的标志牌，便立即能够联想起北方的严寒。汽车的挡风玻璃上渐渐结出了霜花。公路上的汽车数量也明显减少，既看不到前面汽车尾灯的红光，也看不到后面车辆的大灯，单线三股道的高速公路仿佛成了黑暗和寒冷的象征。高速公路的里程不是按公里而是按英里计算（1英里=1.6公里），原以为很快能够到达的目的地，却迟迟未能驶到。自古以来，唐河沿岸就是钢铁工业和产业革命的发祥地，后来形成了今天的谢菲尔德。来到这里后，立即可以看到炼钢炉中奔腾四溅的钢花，情景甚是壮观。从这里至利兹，还有30多英里，还需要30分钟。

5月过后，人们逐渐北移。Ml高速公路始点是伦敦，终点是利兹。再往北就是通往爱丁堡的A1普通公路了。在利兹西部的曼彻斯特，还有一条A7的普通公路连接爱丁堡。所谓"M"，是高速公路的缩写，这也是近年来产生的新名词，即指小轿车专用道路（无须一再交费）。所谓"A"，则是指自17世纪起，以伦敦为始发点发展起来的需要交费才能通过的道路，以后逐渐演变成公路。这种道路大多从街道中穿行，原来只有马车能够通过，现在是马车、自行车都可以通行。昔日，在街道的交叉路口还设有大的旅馆和酒店，乘马车经过此地的客人大都住在这里，并与当地的居民在一楼的酒店内交换各种信息。A1也好，A7也好，出发点都是伦敦，汽车驾驶速度虽然不是很快，却可以尽情欣赏街道两侧的景色和往来的行人，也是别有一番情调的。因此，比起M高速公路来，A道路更为有趣些。

A1道路从利兹以北到爱丁堡之间，沿途都是海岸，可以看到享受海水浴的人们。由于A7道路可以通向湖畔，人们常常是从客车下来后再换乘大型旅游车，到湖边上野炊自娱，甚为惬意。这种旅游车有5个床位，冰箱、电视、卫生间一应俱全，最适合希望享受田园乐趣的家庭。每到旅游旺季，天天都可以看到这种大型旅游车。由于天长，如果早睡早起的话，夜里的时间不过是从晚上10点半钟到早晨4点钟约5个半小时的样子，因而无须点灯。后来才明白，为什么散步时竟然看不见野外露宿者的帐篷。原来几乎所有的地方都被围墙圈了起来，游人不得入内，想搭帐篷的话只能到指定的地区去。放眼望去，满目皆是蜿蜒起伏的绿野，每隔几公里还可以看见一条公共散步道路。像这种圈围土地的风景，可能与18世纪后半叶至19世纪前半叶形成的私有关系密切相连吧（C.Taylor，1975）。

圈地运动和运河

距利兹市以北约25公里即为古都纳尔斯伯勒。当利兹市还鲜为人知的时候，这里作为该地区的中心已十分繁华。在中世纪时还曾一度成为中心城市。这里虽然只是一个小城，但市场齐全，当时的主要动力来源是水车。在广阔的森林背后，即是中世纪的农场，8头牛拉着沉重的铁犁进行耕作，也只有这样沉重的铁犁才能适应辽阔的农作地带。那时的耕作制度是所谓的"三圃制"，秋天播种小麦和黑麦，春天播种大米、燕麦、大豆，然后土地休闲，即三年轮作。粮食的收获为三年两季。大麦作为酒的原料是十分重要的，现在啤酒以及许多低度

酒也都还是以此为主要原料。这种三圃制的耕作制度在中世纪十分普遍，17、18世纪以来，直到19世纪皆如此实行。由于从休闲的土地上还可以获得牧草，这种方法甚至在以后除生产力较高的粮仓地带以外，仍被沿用。为实现粮仓地带农作物的丰收，北英格兰人进行了大规模的技术改造，特别是播种犁的技术革新。

除三圃制外，当时的土地制度还实行着开放农田制。其特色是在农作物收获后将农田开放，谁家的牲畜都可以在他人的田地里自由放牧，寻找落地的麦穗和茎、叶等。这种土地所有制和农作物收获后将农田开放形成的共同牧场制相互结合，构成当时土地制度的特点。土地开始对外开放的日期为9月29日。由于地域上的差异，这一天大体上与日本秋天的收获节相同，或许该日在收获的日子里是最重要的时间，也是人类生活节奏的一个高潮点吧。

开放农田制的崩溃，首先是从圈地运动开始的。在15世纪，先是相对时间内的共同土地化被废除，接着是相互放牧被中止，继之而来的是将独占的耕地用石垣圈垒起来，然后进行圈地运动。这项运动在欧洲全境的实行则是在鼠疫造成的人口锐减以后的事情。

在此之前,纳尔斯伯勒域内居住的城市市民、郊区农民和森林地带的佃农,在法律地位上、对领主应尽的义务上和土地借贷方面是存在着差别的,其中以佃农的依附力为最强。自13世纪始,佃农交纳租金后租赁土地。一个土地单位不足5公顷,其中还包括牧场。14世纪里发生了几件诉讼案(Jennings,1970)。诉讼案大多与家畜破坏农作物有关,均发生在相邻土地的佃农之间,而不是发生在领主和佃农之间。为此,佃农间产生了明确土地所有权的意向。在牧场周围筑墙成为防止家畜侵入的必要措施。这一带几乎已经没有树篱,差不多都是作用不大的石墙。

16世纪时,各地几乎都建成了围墙。广阔的耕地被围墙分割开来。原本是开放土地制下的长带状耕地,被围圈成为长方形或方形的耕地,由此产生了领主之间相互交换佃户及土地的行为。这种交换是非常复杂的,必须以契约形式的文书来完成。

在此之后的18世纪后半叶至19世纪的前半叶,根据议会的法律制定了土地规划,称之为"议会圈地运动"或"第二次圈地运动"。议会并未将上述圈地运动用法律的形式固定下来加以施行,而是首先要求各地承认圈地运动,然后根据当地具体情况决定圈地运动的内容。议会对各地的具体方案一般都是无条件承认的。被指定的以地主贵族为首的土地规划委员,通过测量土地对于经费的决算和土地的分割具有绝对的指导权威。议会的土地规划制度造成大批农民失去土地,涌入城市的手工业者和流浪汉也骤然增加。

所谓农业工人,与租种土地的佃农是有所不同的,他们是完全丧失了土地所有权,专门从事农业劳动并领取工资的工人。虽然在我们的想象中,农民与土地所有权是密不可分的,但英国很早以前,在农业领域里就存在薪金劳动的阶层。家族并不是不能够通过租种土地的形式来维持一家人的口粮,但由于土地的租金过高,对于领取薪金的农业工人来说,购买必要的食物远比租地获粮要便宜得多。具有出租土地能力的人,与其从事家庭耕作,倒不如雇用农业工人进行经营更为获利,因而形成了所谓农业资本家。这个阶层不是日本的自耕农或小土地经营者。小土地经营者早已不是这个时期的主要阶层。这个时期社会的主要阶层由地主(大地主一般为贵族)、农业资本家和农业工人构成。

17、18世纪,在纳尔斯伯勒及其周围,麻纺织业十分发达。对于传统的毛纺织业来说,麻纺织业的新兴是由于货运商品需求的大幅度提高而造成的。产业革命中占主导地位的棉纺织业,也有被麻纺织业取代的趋势。若从原料方面看,棉花是热带、亚热带植物,必须依赖于海外贸易,从国外进口;而国内或爱尔兰则盛产麻,只是需要一个健全的流通网络,因此,原料与燃料的运输成了问题的关键。虽然社会舆论纷纷认为应当开发通往纳尔斯伯勒的交通线路,但是,如果从1772年起开凿利兹—利物浦运河未免为时过晚。1815年,应用于麻纺织业的第二代蒸汽机开始出售,由于没有好的交通运输线路,即使当地做燃料的煤炭十分便宜,也只好作罢。

这一事件的发生,说明纳尔斯伯勒不宜作为工业基地。3年后的1818年,地区委员会委托著名的建筑工程师T.戴尔佛德(1757—1834)对开凿运河的工程进行正式的调查。拥有运河、桥梁、铁路等方面丰富知识的戴尔佛德被委员们的诚意所感动,进行了认真地调查和设计。然而,调查的结果却是令人失望的——当时的设计有两个方案,最好的方案是用运河将面向北海的赫尔港与此地连接起来,形成一条最为便捷的水运道路。但由于这一带是著名的约克郡谷地,几乎没有山脉,因而地面的高低之差就成了突出的问题。如果要解决这个问题,就必须修筑水门(关于运河和水门的问题,请参阅下一章)。经过计算,沿途需要修建3米高的水门22座(Jennings,l970)——显然,这笔庞大的工程费是无法负担的。

备选方案是不开凿运河而修筑铁路。英国真正进入铁路时代是自1830年开始的,而在1818年时对于铁路的认识远远没有运河高。在地面倾斜严重的地区用铁路取代运河的构想,不过是开理想之先河,几乎没有什么现实的可行性。即使修筑起主干线,也还需要若干支线来连接小城镇。在当时的情况下，依赖小城镇的力量去建筑铁路，无疑是难以为人们所接受的。运河和铁路无法开通，就没有推进产业革命的基础，这等于给利兹等地区的城市化前进道路亮起了红灯。

当然，不能就此认为产业革命所带来的城市化发展终止了，现在看来，当时人们的想法也有一定的道理。但是，我仍然认为运河开发委员会的委员们实在是缺乏魄力——由于他们最后将资本转移到利兹附近的其他城市中去，导致现在纳尔斯伯勒仍然是寂静的住宅区，郊区则拥有广阔的农场。

农业工人的生活

从纳尔斯伯勒向郊外开车约5分钟，便可看到一片郁郁葱葱的森林。在森林的入口处，悬挂着一块写有"Loftuss Hill"的小牌子，进门后有一条绿草茵茵的小路，远远地通向对面的宅邸，这段距离竟有1公里之遥。这就是斯林库斯皮家的一个农场。这家主人在17世纪新教徒革命时代，是这一带有名的大地主。他们把在这里统领的土地，大部分租赁给农业资本家和自耕农耕种，其余部分则由庄园管理人直接管理。直接管理的农场，主要生产供自家消费的粮食。其中之一是罗弗塔斯·黑尔管理的农场。这位管理人有若干种账本，他的主人斯林库斯皮就是通过定期审核这些账本并签字同意，来了解其经营状况的。体现这种关系的庞大文书现存于Y.A.S（Slingsby Papers，斯林库斯皮档案）之中。通过这些文书可以了解到当时的农业和农业工人生活的一个侧面。

18世纪末，拿破仑发动了征服欧洲的战争，从大陆进口的农作物急剧减少，正因如此，英国国内的农业进入一个新的发展阶段。从账本上可以清楚地看到，这个时期的租金情况以及农作物的选择和生产的组织都达到了一定的水平。由此可见，农业工人及其家庭差不多构成了农村的庶民阶层。当然，与地主斯林库斯皮的收入相比还是有天壤之别的。

在1790年的账簿中，有7月23日至8月22日1个月的支出账。1个月的总支出约为20英镑，第一位是用于家畜（主要是羊）所需要的干草制作费，约占36%；第二位是农业工人的工资，约占27%；第三位是收割费用的支出，约占24%。

根据干草制作的天数和人数计算，每人每天的工资约为8个便士（1英镑=20先令=240便士）。这比城市成年农业工人的工资（夏季每天18便士，平时每天14便士）便宜得多，甚至比童工（每天10便士）的工资还要便宜。其原因是这一工作大部分是由女性进行，14个人中，只有两名成年男性农业工人。这两名男性工人每天的工资是18便士，是女工的一倍。由于女工的工资比较便宜，因而干草的加工过程，包括收割、晒干、收藏等全过程就完全由女性来承担了。

农作物的收割,采用的是以面积为单位的包工制,全部47英亩(约19公顷)。如果雇用男性农业工人的话则需要60工/日。究竟雇用的是男工还是女工,由于账簿上没有记载不得而知,但推测由女性工人承担的可能性要大一些。因为使用的农具是镰刀,自然不会是繁重的体力劳动。农作物的收割,一般以啤酒节为结束。收获是一年劳动的终结,要举行某种祭祀庆典。狂饮啤酒的习惯,也是对一年收获的庆祝吧。

在账簿上记有支付给工人的工资和他们的劳动天数。这3个工人是乔·弗莱查和他的儿子托马斯以及西鲁帕斯。乔·弗莱查平时每天为14便士,夏季农忙的4个星期每天为18便士。几年后,账簿上又出现了一个名叫W.古罗布斯的人的签名,看样子是管理者的代理人或者是记账先生,他的工资只有乔的工资一半多一点。弗莱查一家包括丈夫乔、儿子托马斯以及乔的妻子休茵和女儿埃利斯、曼琳,5个人都在这里劳动。估算弗莱查家一年的总收入约为36英镑。这与当时农业工人的平均收入相比已是相当不错了(E.W.Gilboy,1934;D.Davies,1975)。

全家的总收入中,丈夫和儿子的工作是固定的,每周劳动6天,所得的工资约占全家总收入的95%,女人的收入在总收入中只占很小的比例。乔一家年收入36英镑,与农业工人的平均工资相比确实是相当不错,但与地主斯林库斯皮一家年收入6000英镑相比,其贫富差别令人震惊。

除了收割谷物、打割干草是两个星期支付一次工资外,还有一种是汇总后一次性支付的——剪羊毛就是这样。表1所反映的1790年9月19日汇总支付的就是这一年剪羊毛的工资。这一天恰是秋季丰收节之前。作为女性的工作收入,剪羊毛的工资是相当可观的。3位女性名下所记载的账目,如缝纫衣服,每天是6便士;做饭,每天是8便士;而剪羊毛则成倍增加为15便士。具体详情见表1所示。

表1　　　罗弗塔斯·黑尔的各类开支(1790年)

支出日期	工作内容		L. S. P.	换算为便士	日工资额(便士)
1.9	修剪树篱	6英亩	6. 0	72	
2.7	〃	〃	6. 0	72	
4.4	屋顶铺草	2工/日	4. 0	48	24
	衣物缝纫(埃莱)	19工/日	9. 6	114	6
	衣物缝纫(埃利斯,曼琳)	17工/日	8. 6	102	6
5.2	燕麦脱粒	12夸脱	12. 0	144	
	小麦脱粒	32捆	8. 0	96	
5.30	小麦脱粒	50〃	12. 6	150	
	缝饰物(埃莱)	10工/日	5. 0	60	6
	脱豆壳	7.5工/日	5. 0	60	8
	小麦脱粒	72捆	18. 0	216	
6.27	撒石灰(肥料)	童工4人	3. 0	36	9
	做饭 (埃莱)	9工/日	6. 0	72	8
	做饭 (埃莉斯)	〃	6. 0	72	8
	做饭 (曼琳)	8工/日	5. 4	64	8

续表

支出日期	工作内容		L. S. P.	换算为便士	日工资额（便士）
7.25	屋顶铺草	1 工/日	1. 0	12	12
8.22	收获		4. 16. 0	1152	
	制牧草		7. 5. 11	1751	
9.19	屋顶铺草	3 工/日	12. 0	144	48
	剪羊毛	仅限女性计106工/日	6. 17. 2	1646	平均15
10.16	修理房间	2 工/日	2. 0	24	12
	淡啤酒		2. 6	30	
11.13	屋顶铺草	3 工/日	6. 0	72	24
	淡啤酒		0. 6	6	
	洗羊		3. 0	36	
12.11	大麦脱粒	16 夸脱	1. 5. 1½	301 ½	
	风选大麦	2 工/日	2. 0	24	12
	搬运大麦		2. 0	24	
	修理麻袋		5. 6	66	

（根据 Slingsby Papers, Y.A.S 所藏制成）（L＝英镑，S＝先令，P＝便士）

从表1中还可以看出，农作物和家畜（产羊毛的羊）是这里生产的两大支柱。在谷物生产当中，播种后并不进行深耕，只是在收割与脱粒时较多地采取集约性农作的方法。收获时还在使用镰刀，尚属手工性质。英国的农业机械化应用到收割中是比较晚的，在19世纪80年代后才出现。1790年，罗弗塔斯·比鲁根据农业工人家庭，特别是女工化的特点，曾组织了承包性的公司。所谓公司，是小规模的，几名工人组织在一起，由南向北结伴为他人收割庄稼。在这段时期，组织大型公司还是不可能的。进入到19世纪30年代，才出现了有关承包收割公司的记载。但到18世纪末期，这种组织好像已经通过地域连结起来，其他如缝纫、制衣及烹调等工作都是由女性承担，姑娘们的名字常常见到，最常见的名字为弗莱查家和威得家的姑娘。

农作物的种类有燕麦、大麦、小麦3种，另外还有大豆。虽然已经出现肥料，但杀菌灭虫还是在使用石灰。有关锄草的记载在账簿中没有见到，大概这是弗莱查日常的工作。从所见到的材料分析，由于普遍实行轮耕，几乎不向土地施肥，只靠平常放羊时的羊粪作为肥料，然后通过轮耕来维持地力。而这一时期中国、日本的农业施肥水平都已相当高了，比较起来，英国农业此时还处于粗放经营阶段。

农作物的播种方法也尚未采取起垄条播，主要是采取撒播。产量也因年景相异而大不相同：1788年的丰收年景，小麦1英亩收成为18—20蒲式耳[①]（1公顷约260公升，重量约200公斤）；燕麦的产量则是其两倍。这种收获水平与现在相比的确少得可怜，但在当时尚属中等水平（关于小麦的单位收获量，请见W.E.Minchinton，1968）。在这种收获的结果里，留下第二年所需的种子约10%，也就是说1粒小麦只能够变成

[①] 蒲式耳为计量单位。1英制蒲式耳合36.3677升——编者注。

10粒小麦。

英国的农业与当时先进农业生产国家和地区比较起来，工作量虽然小得多，但产量也少得多。A. 杨格在《农业耕作年历》（A.Young, 1771）中，像日本的农家年历那样，对于每个月份应该种植的农作物都有记载。这本书中对胡萝卜、芜菁、马铃薯、青芋等根菜类都做了详细的记述，还用较大篇幅记载了如何施肥。书中特别强调要最大限度利用土地，从庄稼的连年耕种到庄稼、蔬菜的轮种都有详细的记载，可见当时英国已经具有农业革命的先进技术。但是，这些方法不适于引入像英国约克郡那样的寒冷地带。粮食生产与羊毛生产也是有密切关系的，因此引进新的农业耕作方法是十分必要的。

英国的农业在1815年以后便停滞不前。例如羊毛、毛织业的生产，由于国外（特别是北美）的原料比国内便宜而纷纷进口，导致北英格兰地区的农业急剧萎缩，因此转而发展成为工业城市。我认为这种农业地区向工业城市的转变，与当时英国低下的农业生产理论和方法有着不可分割的关系。

酒与庆典

从前表1（第42页）的10月和11月的栏目中，可以看到淡啤酒的记载。如果换算一下重量，大约为6公斤，这些因为是免费提供的，所以记入了管理人的账簿。工人们在这个时候喝酒是可以无所顾忌的。从别的账簿中得知斯林库斯皮家要购入相当数量的酒。虽然未见到1790年的账簿,但从1778年9月至1779年3月的7个月间的记载得知,购买了原酒75蒲式耳(约2700公升)、淡啤酒8蒲式耳(约288公升),还买了可以注入淡啤酒中的酒花,总计约3000公升,价值15英镑以上。这些都是地主斯林库斯皮用来宴请宾客的酒,全部是从商人W. 威尔库斯那里买来的。在这个农场工作的人们,大概都是从他那里买酒,如果附近没有其他酒店的话,他那里也许是一个代销店(遗憾的是,没有发现农业工人的家庭账簿或者其他地区的有关记载,也没有见到批发后零售的直接资料)。

这种淡啤酒,与黑啤酒颜色相近,味道略苦,度数比普通啤酒稍高。若是就着芜菁慢慢酌来是十分惬意的。19世纪之前,淡啤酒中还常常兑入蜂蜜和葡萄酒,装入缸中热饮。现在有些地方的小博物馆,还陈列着这种金属制造的酒缸。它的形状类似角笛,里面连0.18公升酒都装不下。在寒冷的冬天,喝一点儿这样的热酒后身上暖烘烘的,一定很舒服。当时,人们并不是每天晚上都有饮酒的口福,毕竟1公升需要6便士,相当于女人一天的工资,或者男人夏季一天工资的1/3。如果每天都喝的话,费用是不低的。这对营养的补充和冬天的御寒,当然是十分必要的。倘若少喝一点儿就能够克制欲望的话,也许可以将就过去。

在一些特殊的日子里，大家相聚后可以开怀畅饮。结婚典礼自不待言，祝贺生日和参加葬礼时也是如此。在葬礼上，大家轮流喝酒，以寄托对死者的哀思（R.W.Malcolmson，1973）。这些有关个人的庆典，对于调整季节性的生活节奏，寻求新的刺激，都是非常必要的。它可以使人们对生活怀有企盼和希望。

从日历上可以看出，每年固定时间里举行庆祝的节日是教区的庆典。这个仪式被称为"威格"（wake）或者"威威尔"（vevel）。"威威尔"用作动词时的意思为"畅饮"或"饮酒会浪费时间和金钱"，用作名词则可引申为"闹节"的意思。"威格"用作动词时的意思是"酗酒方醒""复活"，用作名词时的意思为"彻夜狂饮"。每逢这个日子，可谓举城狂欢，以至于进入19世纪之后，工业城市中仍以教区庆典这一天作为传统的休息日。

"威格"通常作为纪念教区的教会创始人或供养人的节日。日期一般集中于某一季节，如暮春（5月、6月）和夏末（9月、10月）两个时期，可以说是一年间例定的节日（R.W.Malcolmson，1973）。具体日期则因地而异，一般是从星期天开始，延续几天或一个星期。在18世纪，这种祭祀的对象一般为没有固定的教会或者圣人，因此，与其说这是宗教的祭日，莫如说是民俗的节日。作为宗教的节日，最初是选择星期天在教会举行，后来渐渐演变为市民们喝着酒在市区喧闹，因而有"整个城市都在肆暴"的感叹（R.W.Malcolmson，1973）。在节日里，人们不仅能够吃到自己喜欢的食物，还可以高歌狂舞，参加体育竞赛项目，如摔跤、拳击、棍棒格斗、女子竞走，等等，另外，还有"吃热布丁"比赛、套上大口袋竞走、套马、捉涂上油的猪、斗鸡等形形色色的民间体育活动。街头上出售姜汁饮料、果仁，水果的叫卖声不绝于耳，穷人也精神饱满地和朋友一起去参加比赛；附近的酒店也要向体育竞赛和游戏节目提供奖品。不仅本教区的居民参加盛会，来访的朋友也很多，可以说，这个节日为亲朋好友的聚会提供了极好的机会。

野外的庆祝活动大都在郊区的公共牧场举行。此时，英国还有许多尚未进行土地规划的场所。自18世纪后半叶至19世纪上半叶的100年时间内，在全国各地陆续实行了议会通过的土地规划制度，地主贵族的土地因而在更为广阔的范围里得到了确认。据1873年统计，此时已有4217名大土地所有者占据了英格兰和威尔士土地总面积的53.7%（J.Bateman，1883），也就是说，通过这项制度最终确立了贵族们的土地所有权，而这一过程基本上是与产业革命的高潮期同步。

尽管是议会通过的土地规划制度，但议会仅仅是负责制定统一的法令，而不管实施与否。地方上有权有势的地主可以提名组成拥有绝对权力的委员会，然后由他们提出并且负责执行具有法令意义的方案，从而使地方上最终还是按照地主的意志办事。这种委员会，大多以教区为单位，因而各地所提方案的具体内容也不尽相同。在纳尔斯伯勒，1770年通过了《纳尔斯伯勒森林方案》；前面提到的罗佛塔斯·黑尔所在的农场地区，1801年才公布了《斯塔布里教区方案》。塔得加斯特（距斯塔布里东南约15公里的一个小镇）土地规划委员会的W.道逊，不仅拥有绝对的权势，每天的工资还高达2.2英镑。这种日薪是前面提到的农业工人一天工资的35倍，是女工一天工资的80倍。姑且以一年300个工作日计算，只要他从事这项工作，年薪就可达600英镑。而地主贵族的年薪当然要在其上，大约在6000英镑。由此可见，当时阶级、贫富差别也是悬殊的。关于这些地主贵族所谓"合法的"土地扩张的实质情况，在一本著述（F.M.Thompson，1963）中有详细的记载。

根据议会通过的土地规划制度，地主获得最为实惠的结果就是可以用围墙将土地圈占起来了。这样不仅防止家畜的肆意侵入，同时也防止他人的任意进入。村庄里的祭祀活动虽然仍按照旧的习惯在原来的场地上举行，但这块场地此时已经是被地主圈占为己有的土地了。随着时代的变迁，祭祀活动也变成商业性的活动了，例如，在马、牛、羊等市场上，不仅有买主，还有许多根本买不起牲畜的人也聚集在这里。他们只等着牲畜的买卖结束后，便开始参加和观看赛跑、逗熊、搭台表演等娱乐活动。

这样一来，无聊的骚乱逐渐减少了，到酒馆喝酒的人日趋增加，以往那种只有在祭祀活动时才能够狂饮的现象不见了。当固定的饮酒场所出现后，家庭内的饮酒也就减少，在酒馆和朋友一起喝酒的人增多了。村庄里的农业就业人口也在急速减少，1801年该人口占比为35.9%，19世纪50年代为20%，19世纪90年代为10%。显然，农村中减少的人口都涌向城市了。

第二章
人和交通与情报

各个阶级

本处权且使用工人、富豪、地主贵族这样的表现形式,按照19世纪初期的分类,将当时英国"阶级"和进入阶级的家庭数量及人口作如下表述(P.Colquhoun,1814)。

(1)最高序列(皇族、高官、男爵以上的贵族)576家、2880人。

(2)第二阶级(第二准男爵、地方绅士和其他高收入的家族)46861家、234305人。

(3)第三阶级(高位的国家教会圣职者、高官、部分法律界人士、部分医师、拥有巨资的商人和制造业者、一级的银行家)12200家、61000人。

(4)第四阶级(上述以外的教会圣职者和国家官吏、非国家教会的诸派教会的高位圣职者,上述以外的法律界人士和医师、教师,第二级的免税财产人——

船舶所有者、商人、制造业者、仓库所有者，具有一定规模的店铺所有者和艺术家，具有相当水平的建筑业者和技术人员以及有相应收入的人）233650家、1168250人。

（5）第五阶级（低位的免税财产者和小规模的店铺所有者、旅馆和酒店的经营者，以及从事其他职业有相应收入的人）564799家、2798475人。

（6）第六阶级（技术工人、职工、手工业工人、农业工人，以及靠劳动维持生存的其他人和佣人、女仆）2126095家、10072723人（其他佣人、女仆占1279923人）。

（7）第七阶级或者说社会最下层（济贫法适用者、无固定住宿者、吉卜赛人、流浪汉、没有固定职业且败坏风纪的人）387100家、1828170人。

（8）第八阶级（军队中的将校、士官等年金生活者）10500家、69000人。

（9）第九阶级（军队中的下等士官和那些已经退职的年金生活者）120000家、862000人。

总计3501791个家庭，17096803人。

可以这样看，家庭的数量反映出就业数的一部分，但不是全部。在属于（6）的阶层中，能够推测出每家有两个人在工作，而佣人和女仆没有记入家庭数，应该认为他们大多数都是独身者吧。

各阶层人口数量占总人口的比率，从表2中可以清楚地看到。军队中有关人员的比率很高，这种现象是值得重视的。家庭的比率是3.73%，人口的比率是5.44%，这个比率指的是将校、士官、下级士官这些本职军人，不包括士兵的人口数，和拿破仑战争的最高峰时期的人口数相比，这个比率是相当高的。

表2　　　　　　阶级构成（1810年左右）　　　　单位：%

阶级等级	该阶层人口数量占总人口的比率
第一阶级	0.02
第二阶级	1.37
第三阶级	0.36
第四阶级	6.83
第五阶级	16.37
第六阶级	58.94
	（其中佣人、女仆占7.49%）
第七阶级	10.69
第八阶级	0.40
第九阶级	5.04

注：小数点后第3位四舍五入。

上述中的（6）指的是无产者阶级，（7）指的是流氓无产阶级，总计起来大约占70%。相当于有产阶级的是（3）和（4）中的一部分，大约占7%。（5）可以看成是相当于小资产阶级的那些人。(1)和(2)是贵族地主和没有称号却拥有土地的人,他们加起来的总和也不满1.5%。(3)和(4)这两个阶层,在19世纪有很大的增长,遗憾的是在那之后同一部类的统计资料没有能够继续下去。

128万人左右的佣人和女仆,可以认为是在(1)至(4)、甚至包括(5)的一部分阶层雇用下进行劳动的人。(6)和(7)的阶层是雇用不起他们的。从(1)至(4)的家庭数目大约是30万,他们平均一家要雇4个以上的佣人、女仆。19世纪的小说或者20世纪第二次世界大战以前的作品中,肯定有佣人、女仆的人物形象出现,因为冬天取暖以及做饭时使用的煤炭的运输、用具的修理、扫除和洗衣等,在那个时代都是相当艰苦的劳动。因此,(1)至(4)阶层的佣人和女仆的工作,也是非常沉重的。

占绝大多数的是(6)这个阶层。他们每日工作时间在12—14小时左右。据1797年出版的F.M.艾登的著作中记载:

> 他们在3月中旬至9月中旬之间(白天长的季节——引者注),每天从早晨5点钟开始一直要干到晚上七八点钟。余下的半年,也是每天从日出开始一直干到晚上。早饭30分钟,正餐1个小时,饮酒30分钟,夏季的半年每天允许有30分钟的午睡。

当然，他们并不情愿这样长时间不停地劳动，但不这样做他们就没有饭吃。物价上涨，食物自理，要想积攒生活费是非常困难的。在1795年刊行的 D. 戴维斯的著作里，对日雇农业工人（工资以一周或两周为单位支付，计算基准由一天的劳动量而定）生活状态的历史性变化，表3中列举了惊人的数字——食物等日常生活用品费用的上涨大大超过了收入的增长。书中统计了他们为了购买一定量的食物，需要付出多少个劳动日，并将14世纪开始至18世纪后半期分为五个时期加以论述。由于资料不全，有些统计显得不准确，但在18世纪能够发表这样的大作，还是令人瞩目的。

表3　　　　　购入食品所需劳动日　　　　单位：天

		14世纪中叶	15世纪中叶	16世纪上半叶	17世纪中叶	18世纪下半叶
日薪（便士）		2	3	3 ½	13	14
购入所需劳动日	小麦 1 夸脱	22	20—22	26	37	41
	燕麦 1 夸脱		8	7	7	
	大麦 1 夸脱	5				20—21
	豆类 1 夸脱	6				27—28
	肉类	20 2年猪1头	7 熏猪肉1块			41 熏猪肉1块
	啤酒 1 加仑	1/2	1/3—1/2			1
	麦芽威士忌 1 夸脱		16	13—14	22	36 ½

（D.Davies, 1795）

1 夸脱换算成容积单位约 280 升，7 口人家（夫妻加上 9 岁以下的 5 个孩子）1 年大约要消费 6 夸脱小麦，所以一年收入的68%要为买小麦而支出。

我们再来看看一个农业工人家庭生活状况。这是在1787年位于伯克郡的一个7口之家的生活状况（J.D.Tuckett，1846）。每周的收入如表4所示：最大的支出是小麦粉；熏猪肉和蔬菜煮在一起，再加上面包和土豆，然后分给孩子们；红茶已经成为生活的必需品。为了增强体力，不得不借债买些肉食品，或许孩子们将来长大后，靠干活能够偿还这笔借款。

表4　1787年伯克郡某农业工人的家庭收支状况（周）

支　　出	（先令，便士）	比率（%）
小麦粉（7½加仑）	6．3	69.9
发酵粉和盐	0．4	3.7
熏肉（1磅）	0．8	7.5
红茶（1盎司）　砂糖（3/4磅）　黄油（半磅）	1．0	11.2
肥皂（1/4磅）	0．2¼	2.1
蜡烛（1/3磅）	0．3	2.8
做衣服的线、布、毛线	0．3	2.8
计	8.11　¼	100.0
收　　入	（先令，便士）	
男子的收入（一年中8个月定期劳动平均每周所得金额）	7．0	
男子的收入（一年中4个月自己找的工作平均每周所得金额）	1．0	
妻子在家务以外的劳动中割干草和收获时的劳动金额	0．6	
计	8.6	
收支总计	（超支） 0．5¼	

（D.Davies，1795）

从表4的支出方面看，食物花费支出的比率（恩格尔系数）特别高。主食是面粉，肉食只有熏肉，平均每人一天一片（约15克）。每天入口的东西仅此而已。

这家的年收入在22英镑左右。前面论述的属于（1）的阶层的人家的年收入在6000英镑以上（6000英镑是最低限，没有上限），是这家年收入的300倍。如此悬殊的收入造成了18世纪末和19世纪初英国产业革命和农业革命同步进行。属于（4）的阶层的年收入在500英镑左右，与阶层（1）的年收入相比，也有20倍之差。

与这样的家庭收支不同的例子也有（J.L. & B.Hammond，1948），收入也有比这家多的。这里所举的例子可以看成是平均水平。支出的项目中虽然没有牛奶和奶酪，但从别的例子中可以推测出它们要占总支出的3%—4%。支出项目中没有开列借地所需的地金，是因为他们根本就没有耕地；也有的人家租借少许的土地，作为农业工人仅有的一点耕地。从耕地上得到收获与租金相比哪个有利，一时还不能够做出判断。倘若土地是自己所有，或者租金特别便宜，这样栽培作物，还会有点效果，但租金非还不可，而且数额要由地主方面来决定。

在土地上劳动，生产农作物的人，不能够直接吃到自己劳动的产品。经过工资的环节后，农作物便要重新购买。没有自给部分，人们也就从土地上获得了"自由"。

没有货币做媒介，生活中的一切都变得不可能了。从这个意义上讲，英国农业已经完全资本主义化了。人们赤裸的躯体上披着货币的外衣，没有它就不能生存。农民通过自己劳动生产的每一颗麦粒，都不能够直接吃到自己嘴中。

我们非常了解那种农民拥有小片私有土地，辛勤耕作后能够解决一部分自家用食物的所谓"小农"之国的状况。日本就是一个很好的例子。欧洲的法国也是一个典型的例子。为什么只有英国走上了一条特殊的、典型的、与他国不同的道路呢？恐怕没有人认为资本主义农业只有英国这一种发展模式，这是一个很值得研究的课题。

首先让人联想到的，自然是圈地运动。但从圈地的实际情况看，并不能得出什么有力的说明。如果是为了供养快速增长的城市人口而提供农产品的话，未必需要采取圈地运动这种形式。如果说是为了适应农业机械化，那么在圈地之后，于耕地周围加上栅栏，效果恰恰相反——圈地运动的后期，即19世纪初期，确定下来的以10英亩（约4公顷）为一单位是比较恰当的。有一点常常被误解，即机械化和它的实施情况，实际仅仅是对犁进行了改良。18世纪后半期到19世纪前半期间"农业革命"中进行的技术开发，也几乎是围绕着这方面进行的。其他诸如收割、脱粒等方面的技术改良，是在19世纪后期才进行的——这样看来，认为圈地运动是为了适应农业机械化的命题,就显得缺乏根据了。

圈地运动实施以前的英国,许多旷野犹如图画般辽阔地展现在人们的视野内。现在,英国仅仅残剩一两片这样的旷野,其中有一片位于诺坦普顿郡的拉克斯顿小镇的附近。当我们来到这片旷野时,被其奇异的景色深深地吸引住了。这里,没有砌筑将耕地和牧场地分开的石墙;这里,起伏的丘陵无边无际地延伸着。中世纪的耕地形态(不是三圃制等耕作形态)就是这样。经过圈地运动后,耕地(以及牧场地、休耕地)的面积则大大缩小了。

那么,究竟是什么原因将圈地运动不断地推向前进呢?对持有"资本主义的农业必然变得如此"观点的人另当别论,我个人认为这个问题至今还没有一个令人信服的答案。即使把圈地运动看成是通过议会立法而进行的,看到它只施行于18世纪后半期至19世纪前半期之间,仅仅从经济上找原因是说不通的。土地所有权向来被政治上的强权所左右,靠法律的形式来保护,不追求这种权力是不行的。在中国历史上,土地问题是重要的课题之一,在其他一些国家也是这样。权力者拥有特定的经济基础,权力者的志向又可以改变已有的经济基础。所谓权力者的志向,就是通过意识形态的形式来进行实质性的制度改革(特别是体制内的改革)。

占据英国社会上层的达官贵人们,在对外,特别是对欧洲大陆的政治关系中，首先要看对方做出了什么，其次才做出自己的反应，而且要着重考虑是否保护了自己国家的利益。特别是从法国大革命到拿破仑战争（1780—1815）这30多年间，在英国产业（工业）革命和农业革命刚刚开展的时候，工人阶级还没有作为决定政治的势力之一集结起来，新兴的资产阶级也正处于和地主贵族的对抗之中，还未十分成熟。正因如此，他们就无法估计对外的意识形态能够对国内体制的强化产生多么巨大的影响。

在这个时期，由于战争的原因，农产品不足，价格飞涨。农业不仅因为维持生活而成为一种职业，更成为一种产业。这场战争正是在对农业投资具有重大意义的背景下进行的。"赚钱的农业"应该实行什么样的体制呢？和法国革命相反，极端反动的英国政界，用他们的话说，是把法国革命作为"反面教员"，为自己铺平了道路。

"当英国贵族夺取农民土地的时候，法国农民正在夺取贵族的土地，高奏起共和主义的凯歌。"如果把这句话颠倒过来说或许更为恰当，"当法国农民在夺取贵族土地的时候，英国的贵族正在夺取农民的土地，高奏起反动政治的凯歌"。他们披着议会"合法"的外衣，在议会各个专门委员会里获得了很大的实权。这些上层官僚们不是通过考试来晋升的，而是凭借着还没有冲出贵族官僚体系的任命制。英国有关录用文官考试的最初的法令是在1855年公布，1870年以后才广泛加以实施的（W.J.Mackenzie，1957）。此外，英国录用文官考试制度的引进，中国的科举制度对其产生了决定性的影响（Ssu-yü Têng，1942/1943；R.Dawson，1967）。

在法国，不管是革命的政治还是反革命的政治，人们的日常意识总是关心着政治。与此相反，在英国，经济和钱支配着人们的意识，直接构成人们的日常生活。英国的政治是在"密室"里制定出来的。1832年第一次议会改革（修改选举法）以前，在产业革命城市里还没有选举议员的权力。这次改革第一次使利兹这样的城市能够选举出两名议员，也使新兴的资产阶级和农村里的中等以上的农民获得了选举权；第二次修改选举法是在1868年（日本明治维新的那一年）；第三次是在1884年。第三次修改选举法首次使英国700万成年男子中的500万人获得了选举权（大野真弓，1965）。女性和没有固定职业的男子除外。

在18世纪后半期至19世纪前半期间推行圈地运动的英国议会，绝不是代表民意的理想机关。不是没有政治，政治也并未死亡。在腐朽的政治停滞不前的时候，经济仍然在发展，产业革命也展开了，如图1所示。

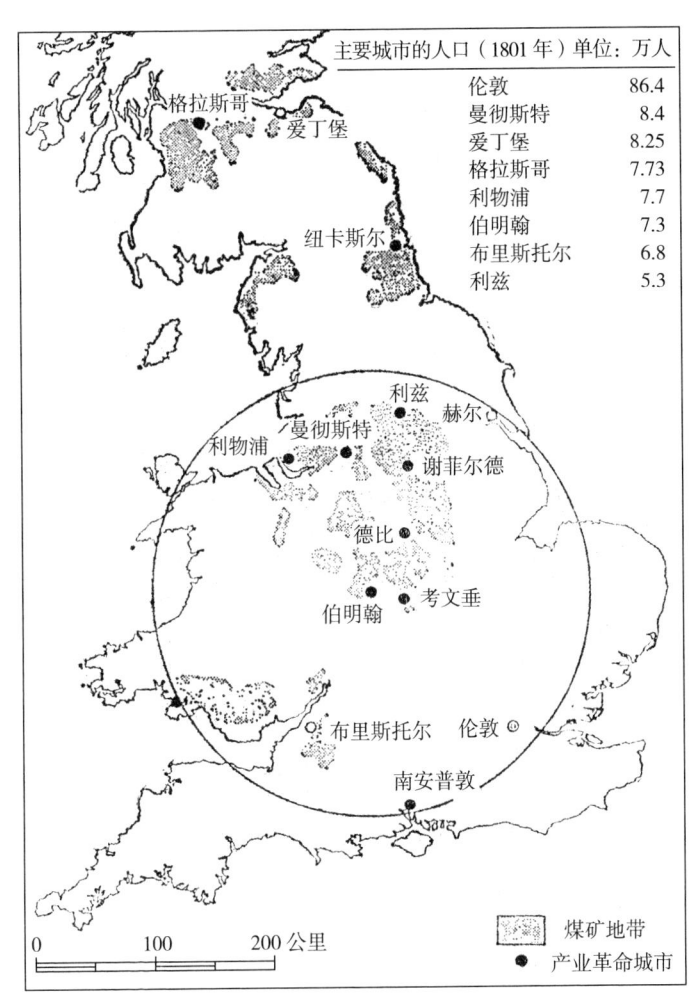

主要城市的人口（1801年）单位：万人	
伦敦	86.4
曼彻斯特	8.4
爱丁堡	8.25
格拉斯哥	7.73
利物浦	7.7
伯明翰	7.3
布里斯托尔	6.8
利兹	5.3

图1 主要的产业革命城市分布示意图（1715—1815年）

产业革命和工人的生活

细究起来,古典经济学诞生于18世纪的英国。

若用经济学史权威的话说,"英国经济学史上真正的黄金时代,是从1742年到1823年,即从休谟的《道德和政治论文集》创刊开始到D.李嘉图的死为止"(亚当·斯密著,大内兵卫、松川七郎译《国富论》简介)。在这段黄金时代,有一位叫亚当·斯密的人,他是前面提到的休谟的少年时代的朋友,现在学习经济学的学生人手一册的《国富论》的作者。亚当·斯密出生在苏格兰,曾在牛津大学读过书,后来在格拉斯哥大学任教授。1759年,他的《道德情操论》一书出版。1776年出版《国富论》,从讲稿最初的构想开始到全书的问世,用了27年的时间。

我不是经济学者,因而不可能简单地归纳出被称为经济学顶峰的亚当·斯密作品的要义,但下面几点大概还能够得到一致的认可:批判重商主义和重农主义,主张经济的自由放任主义,提倡用少量的经费维持政府,租税公平(具体地说就是对地皮税和奢侈品的消费税限定征收)、削减公债,等等,这些都可以说是对当时社会现状的批判。如此政策论的背后有这样一种哲学,即与生产有关的人、资本家、商人、工人都为了自己的利益而提出主张,然后由一只巨大的"看不见的手"把这些主张集中起来，从此保持协调和安定。这种哲学观念与亚当·斯密的道德论和人生观相对应，他认为人并不是孤立为自己的，还有着对他人命运的关心，并产生由"同感""同情"而形成道德的实体。在厉行勤俭节约的人的社会，这种道德观念自然而然地普及了。

在亚当·斯密看来，生产力的向上与道德的向上并不矛盾，反而是能够调和的。当时，和亚当·斯密产生共鸣的哲学主流是所谓"苏格兰历史学派"，他们认为社会及其发展与自然及其发展是一样的，都有其自然的法则。社会一定会向着良好的方向发展。那时，尽管已经有了产业革命，但由此而产生的各种矛盾还没有明显地暴露出来，所表现出来的不过是地主贵族的趾高气扬、特权商人的昂首阔步、议会和政府的腐败无能。对于这方面的问题，亚当·斯密强调在经济上要更加自由、放任、解放。

由于资本的自由流动，生产力获得解放，社会财富也得到了增加。资本家和工人的矛盾没有了，调和从而得到实现。"经济学"也就从复杂的政治学和围绕着正统性进行争论的宗教学与国家学中脱离出来，成为一门独立的学问。

一些政治家也因为自称是亚当·斯密的弟子而获得了许多支持者。其中一位名叫伊登的人，写出了题为《贫困者的现状》的三本调查报告（F.M.Eden，1797）。该书的附录中收集了12—17世纪初有关物价和工资的资料，记录了农业工人的工资和在新兴的纺织工厂等产业基地劳动工人的工资，此外，对他们的家庭经济支出的情况也有详细的记录。作者把调查的重点放在"生产力解放"的时代，调查对象是刚刚从温饱中"解放"出来的极端贫困的阶层，也就是适用《济贫法》的人们的现状。书中有我曾经住过的利兹市的一些例子，不妨试摘几例。

> 利兹市的人口1775年推算为17110人（现在约75万人）。几年后推算该地约有7000户，若按1户平均有四五口人推算的话，大约有31500人。其中有1836户要交房产税，4855户免交此税。地皮费高得令人吃惊，1英亩大约2—5英镑，最高的地方达到1英亩300—1000英镑。

这种房产税的正式名称叫"窗户税"。1697年，威廉三世为了解决劣质银币带来的欠收问题特意设置了这种税收。由于反对的呼声持续不断，大约在1851年该税被废除了。当时，有6扇窗户以上的房屋要根据窗户的数目而纳税。不仅是自己的房屋要纳税，租赁的房屋也要纳税。用石头或砖盖的房屋自然没有这样多的窗户。如果说是6扇窗户的房屋，大概是指每间房屋都有一扇窗户，再加上正门的一扇窗户，是一个拥有5间房屋的家庭。根据"窗户税"被废除的1851年的统计，仅在英格兰（不包括威尔士、苏格兰和爱尔兰）有50扇窗户以上的家庭有6000余户（拥有如此豪邸的人，纳税已不成负担），有10扇窗户以上的家庭有27.5万户，有六七扇窗户以上的家庭有72.5万户。三者加在一起，有100多万户家庭要缴纳"窗户税"。

这100多万户不用说应该属于中等水平以上，若按定义细究的话应该属于上流水平，用当时的话叫"middle class"。这句话不能译为"中间阶级"或"中产阶级"。正如恩格斯反复论述的那样（F.Engels，1845），这个"middle class"和法语"资产阶级"一词是一样的，是有产阶级，是指与贵族相区分的有产阶级，"这个阶级在英法是直接掌权的阶级，在德国则是通过'舆论'来间接掌权的"。"窗户税"的废除也可以说是这个阶级掌权的一个象征。但是，我个人认为，直至1845年，这个阶级在英国还没有直接掌握政权，只不过是刚刚接触到了政权的一点皮毛。

1851年，英格兰的人口达到1700万左右，但交纳"窗户税"的人口远不足总人口的1/3。前面提到的1780年的利兹的情况是，1836户交税，占总户数的27%左右。

2/3以上的"多数派"对现有的居住条件不满意。如果是十几所房屋背靠背地建在一起，那就得建成由一个门出入、分三四段使用的构造。如果一栋建筑内居住5家，一家平均是5口人的话，这里就要居住25个人。

2/3的"多数派"中的一半人都是居住在这种超过密度的住宅区内。这种建筑物的室内自然没有厕所,厕所一般都设在院内。有些院内也没有厕所,人们只好利用远处的公共厕所,或往家里搬只马桶,使用后再倒到外面。这种居住条件若在农村或许还可以,在人口稠密的城市就显得令人难以忍受了。当时,工人们的住宅大都建在接近工厂、运河的低湿地带,没有上下水设备,修建厕所是很困难的。1790年,随着城市化和人口过密,开始发生难以想象的公害,若发生瘟疫和霍乱等传染病,那将使许多人陷于绝望的状态。如果再不修建上下水设备和房间的通气设备,继续在这种人口过密的环境中生活,那么人类连自身繁衍的最低要求都不能够满足了。

对于投资者和企业家来说,最大的课题是如何利用工人。在产业革命初期,只要有少数的技术工人和大量的单纯简单劳动者就能够满足生产需要。对技术教育的呼声和工人们的要求真正予以重视,那是1850年以后的事情。与日本明治维新时期纺织工业"女工的悲哀史"相比,此刻的英国可以称之为"儿童的悲哀史"。不知有多少10岁以下的儿童在工厂里从事长时间的艰苦劳动。就业最低年龄为9岁的有关法规,是1819年为棉纺织工业系统制定的。1832年,该项法规除了仍然规定就业的最低年龄为9岁外,还规定从事全天工作的工人最低年龄为13岁。人们或许会产生这样的疑问：9岁的孩子能干什么活呢？但在资本家看来，这些孩子是绝无仅有的、效率最高的、最为廉价的劳动力。

在家庭中由父母供养的孩子，一边上学读书，一边参加以家庭为单位的农业或手工业劳动，这是以后发生的事情。这不仅是对家庭劳动力的补充，也是对孩子的一种教育。但当时被工厂雇用的孩子就不属于这种状况了。孩子和父母不再有联系，也不像以往农业劳动时那样全家能够聚在一起，而是单独和机器在一起劳动。那时，一些地区发生反对使用机器和破坏机器的现象，这实际上是人们对使用机器后劳动条件恶化和任意解雇的反抗——这是当时的社会问题之一。

在19世纪中期以前，即从产业革命、农业革命开始的80－100年间，工会的力量并不强大，工人对资本家的强权还不能够进行有组织的斗争。当时的劳动时间是每天14小时，一年劳动4000多个小时并不为奇。这对于早已实现每年实际劳动时间为2000个小时的现代日本人来说，简直是不可想象的。一天为24小时，这是任何时代都不能够改变的。一天若除去14小时劳动，便只剩下10个小时了。再扣除8小时睡眠的时间，就仅仅剩下2个小时了；吃晚饭用1个小时，喝酒的时间也就剩1个小时了。

问题还不仅仅在于时间的长短，而且劳动的条件也极其艰苦。最近，在英国出版了一种研究英国近代史的杂志，封面上刊登的图片，非常逼真地再现了1850年时土建劳动的场面。监工无情地挥舞着鞭子，驱赶着工人。工人们已经被沉重的劳动压弯了腰，有的人的脚都被压得变了形。

在兴建运河的年间，劳动条件特别艰苦。工人们搭起工棚，吃力地挖掘着沟壑。长时间的劳动，不仅使工人和亲属的接触大大地减少了，有的连地缘、血缘的关系都被切断了。整天在一起劳动的工人们形成一个横向的小组，他们和资本家形成一种纵向的关系。

在英国用战争的手段不断获取殖民地的时候，在英国对外贸易持续扩张、国家财富急速增长的时候，在英国渐渐成为世界第一大国的时候，英国国内，尤其是以英格兰为中心的先进工业地区，工人（包括农业工人和流浪者）的生存状况却是如此的悲惨！

道路和运河

英国的产业革命和国外市场有着千丝万缕的联系，这是确凿无疑的事实。无论是作为产业革命原始动力的棉纺织工业，还是麻纺织工业、毛纺织工业，都是在创业伊始就与外国市场发生了密切的关系。英国国内不能种植棉花，棉纺织工业所需原料自然要依赖外国。毛纺织工业的半成品要向欧洲大陆，特别是向需求量较大而又离英格兰较近的荷兰出口，所需原料羊毛则依赖北美的殖民地。

把这种关系搞清楚后再看看地图,立即就能够明白英国国内的交通网大都是为适应对外贸易而兴建的。18世纪后半期因为产业革命而急剧发展起来的城市,除了苏格兰的格拉斯哥以外,几乎都分布在英格兰。最著名的有伯明翰、曼彻斯特、利物浦、利兹,现在分别有人口60万—70万,再加上英国金融、商业的中心——伦敦。连接这些城市的道路,早在18世纪前半期就已经开始修建了,首先是有了马车的往来,到1750年的时候,正如图2所示,伦敦和英格兰北部主要城市的道路都已经连接起来。

随着道路的不断改善,从各地乘马车到伦敦的来往时间也不断缩短。其后,不仅修建了从伦敦出发的放射状道路,而且连接东西两地的道路也建成了。

这些道路叫"收费道路"。它不是靠国家公共投资兴建的,而是由私人企业投资完成的。道路修建过程中,要支付高额的征地金,进行大量的投资。为了收回这部分投资,英国政府一方面要让人们尽量利用这些道路;另一方面要收取费用。由此还能够推测出当时来往行人和商品以及邮件数量不断增长的情况。

看罢这些网状的道路,我们不妨以伯明翰为中心画一个以200公里为半径的圆(前图1),这样便能够把南到伦敦,北到曼彻斯特、利兹等大城市全部包括进来(苏格兰除外)。从地形上看,这块地域也是得天独厚的,

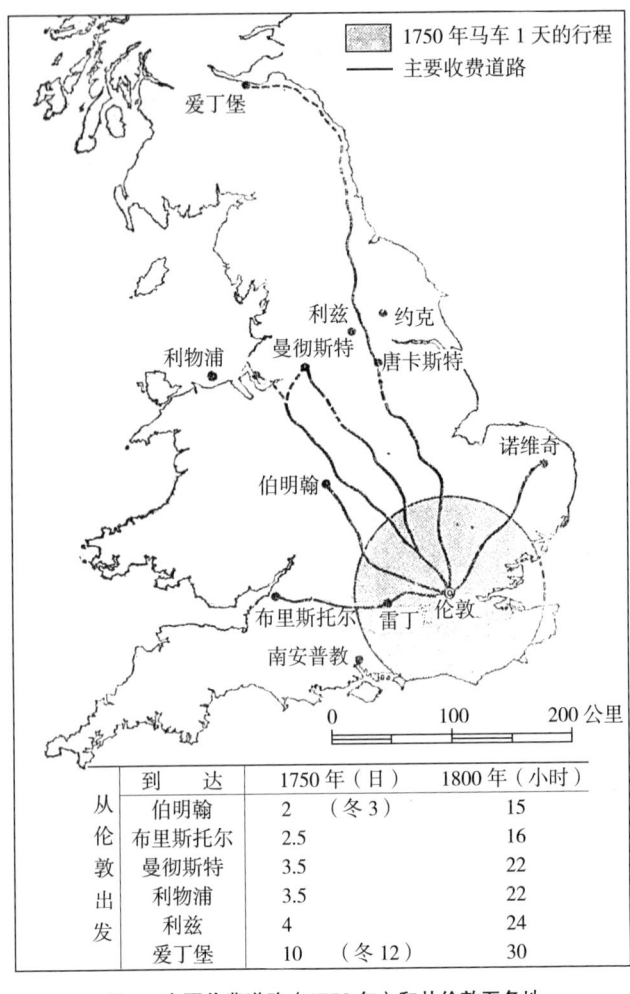

从伦敦出发	到达	1750年（日）	1800年（小时）
	伯明翰	2　（冬3）	15
	布里斯托尔	2.5	16
	曼彻斯特	3.5	22
	利物浦	3.5	22
	利兹	4	24
	爱丁堡	10　（冬12）	30

图2　主要收费道路（1750年）和从伦敦至各地马车所需时间（1750年和1800年的对比）示意图

有辽阔的平原和低缓的丘陵。英格兰最高的山（丘陵）不过是800多米，用日本的地理常识来讲这根本不能够称其为山。在这样的地理环境中修建道路，可以用较少的投资获得较大的效益。虽然地理条件本身与产业革命并没有直接的联系，但在这种地理条件下建成的道路，使情报得以交换（用马车运输邮件是一次具有重要意义的情报革命），为产业革命做了准备。

继马车时代之后，运河时代到来了。1750年至1820年是运河时代的鼎盛时期。在运河上用船运输货物，自然要比用马车运输货物方便、便宜。伦敦附近有泰晤士河，外国远洋货轮能够自由进入，因此首先在这里开凿了运河。利兹附近的艾尔河的河床很浅，先要深掘到货轮能够进入时（1698年开始），再开凿运河。曼彻斯特和伯明翰没有通往港口的河流，只好直接掘地开河。

就这样，产业革命与运河联系在一起了。从事对外贸易的外国远洋货轮首先到达沿海港口，然后再利用国内运河。运输的货物按其重量的顺序为煤炭、食盐和石灰石（P.S.Bagwell，1973）。产业革命的城市，都是靠货船与外国发生联系的。我们说英国的产业革命和对外贸易有着千丝万缕的联系，从这件事上也可以得到证明。

看看图3，英格兰正中有一块东西相互连接的细长的地带。如果有稍大的地图的话，就能够看清楚这个地带的左侧是利物浦港口和曼彻斯特（棉纺织工业中心城市），右侧的利兹（毛纺织和麻纤维业）和谢菲尔

十九世纪的英国和亚洲

德（钢铁工业）与港口哈鲁连接在一起。从图上可以看到连接东西产业城市的河流和运河的细线。右侧的哈鲁和利兹由河川连接着，从利兹北上或南下，可以看到一条与利物浦港口连接的线，这就是利兹至利物浦的运河（图3）。图中不是一条直线，显然是因为水位较高的缘

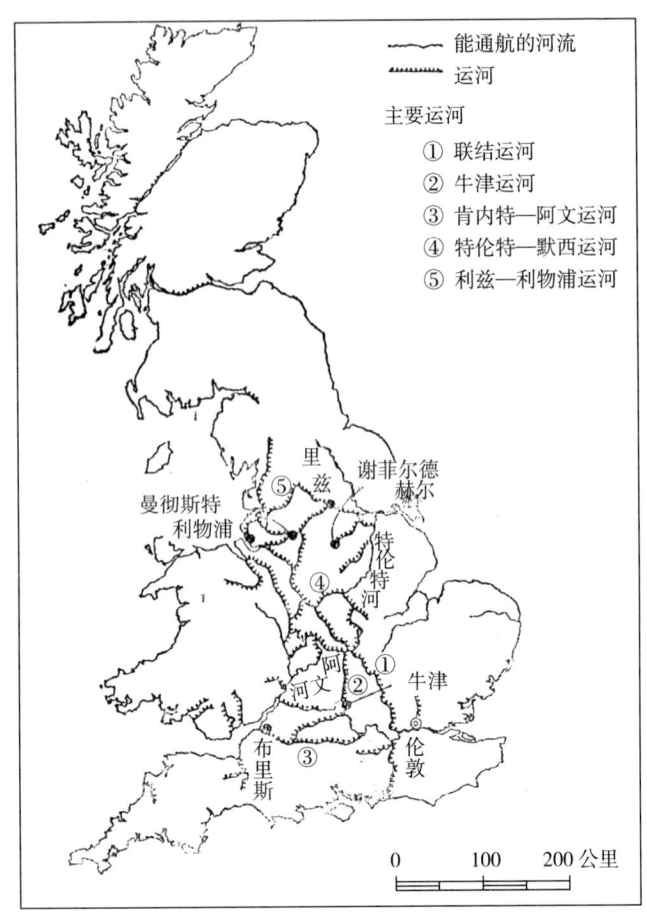

```
———— 能通航的河流
⊥⊥⊥⊥⊥⊥ 运河
主要运河
  ① 联结运河
  ② 牛津运河
  ③ 肯内特—阿文运河
  ④ 特伦特—默西运河
  ⑤ 利兹—利物浦运河
```

图3　主要运河网示意图（1820年）

故：水位高自然会发生突然的变化，水流湍急，船舶无法行驶，运河的作用也就消失了，因此，必须测量好水位，使船舶能够从这里顺利通过。

运河通航是18世纪后半期至19世纪前半期的事情，当时还没有蒸汽船，是靠马来拉平底船行进。因此，在运河沿岸还必须修筑一条能够让人与马通行的道路，在河水中稍有急流的地方还要铺垫上石头，以便承受马的踩踏。

在利兹—利物浦运河中，航道是逐渐升高的，船舶可以毫无阻挡地驶入丘陵地带。越过和利兹并排的毛纺织工业城市布拉德福德，丘陵的倾斜落差大约为50米，给船舶的驶入造成困难。如果把运河开凿到这里，那这里也就成为运河的终点了。而对面从西部的利物浦开凿过来的运河，也要因为这50米的落差，在丘陵的那一侧结束了。这样，船上的货物要通过此地，就必须搞一次陆地搬运。那么，这个航运上的障碍是怎样突破的呢？

当时想出的解决方法叫"五路分水法"，即修建五个可以提高水位的水门（1774年）。这种结构虽然和巴拿马运河一样，但不论从时代上讲还是从技术上讲，它都是巴拿马运河的先祖（开凿巴拿马运河的公司于1879年建立）。

按照船舶的尺寸，做一个宽5米、长20米的石头槽。槽的前后用橡木做成能够启闭的水门。从下游来船时，先把下流层的水门关上，然后打开上流层的水门。

这样，上流层水槽存储的水就会从装置在水底的排水口流出，下流水槽的水位立刻就能够上升。这样的作业5分钟便能完成。等到上下水槽的水位完全相同时，再让约20米长（恰是槽的长度）的船舶从上流层通过。接着，关闭下流层水门，再打开上流层水门，让水流入。五道水门的操作过程大致相同，所需时间大约为40分钟。启闭水门时需要一个人用手和臀部慢慢地推动一根粗木棒，这是为了让推动木棒的人的脚能够使上劲，在两岸旁边还弄出了凹凸不平的地方。我亲自去观察过几次，也用自己的力量试着启闭水门。如果两岸各有一个人来操作的话，几十吨重的船舶通过这里并不困难。

现在，与200年前不同了。这套装置已经被大型游船所使用。狄塞尔内燃机的发明，结束了用马拉船的时代。但是，即便在今天，船舶如果不通过此地的五道水门，就不能够从英格兰的中心向东西两边通行。这条运河全长200公里左右。如果是出海的话，经过这里要比绕一圈到港口近几十分之一的距离。

据说这套水门装置是一位名叫J. 龙格鲍萨姆的石匠设计的。他在两岸和水底铺垫了石头，准确地确定了排水口的位置，根据水量的大小正确地设计了水门的形状。他居住在距运河以南70公里的哈利法克斯镇。哈利法克斯镇也是新兴的纺织工业城镇，这里因为没有运河，所以原料和产品的运输相当困难。当时没有开凿运河的原因，是因为征地非常困难，以及从事运河投资的企业家输给了反对派。在地方建设工业自然会有赞否两论，这在现代也不足为奇，当时两派激烈的论争就不难想象了。J.龙格鲍萨姆在自己家乡没有能够发挥的技术，终于在"五路分水法"上实现了。他当然不可能想到百年之后，他使用的方法被大型化后又应用到能够通行远洋货船的巴拿马运河上。他本人恐怕连首都伦敦都没有去过。

这样，英格兰东西两端的港口就连接起来了。东面的赫尔隔着北海，面向欧洲大陆，通过荷兰、比利时、法国和波罗的海沿岸的诸多港口直接与欧洲的中部、北部和俄国发生联系。汉萨同盟的波罗的海贸易向以荷兰的鹿特丹、英国的赫尔和伦敦为中心的北海贸易移动的时期是最兴盛的时期。西部的港口利物浦，与背后兰开夏郡的中心城市曼彻斯特相连，因而以棉纺织工业而闻名于世。这里，棉花进口后直接加工成棉制品，大部分产品又从这里出口，因此利物浦是加工贸易的典型例子。和毛纺织工业原毛的供给要与国内畜牧业发生联系相比，棉纺织工业和英国国内的第一产业没有什么重要的关联。它主要依靠从北美进口棉花，加工制成棉布后，并不是像我们想象的那样运往国内市场，而是一半以上输往外国。棉纺织工业从一开始就是以对外贸易为前提的。

对外贸易离不开海运业，也离不开原料市场和消费市场。为了确保这些，就必须有必要的军队和殖民地官僚。以棉纺织工业为先驱的产业革命，背景就是如此。如上文所述，运河把全国的产业革命城市都连接起来，国内的城市也通过货船和世界结为一体了。

情报网的发达和垄断

1850年以后，交通和情报网向着多、快、广和世界化不断发展。英国也由"饥饿的40年代"进入到"繁荣的50年代"。1851年，在伦敦的海德公园举办了一次盛大的博览会（第一次世界性的万国博览会），全国各地有许多人乘火车前来观看，还有不少外国游客远道而来。这次博览会后，全国的大城市里出现了许多大型公园。而城市道路、建筑和上下水道设施的修整，更是得益于这次博览会。这次大型博览会将英国作为"世界工厂"的实力向伦敦内外的人们做了一次展示。博览会是由维多利亚女王的丈夫阿尔伯特主办的，英国这段繁荣的时代也是靠皇族和贵族等上层社会的力量来完成的。

不容忽视的是，这次博览会实际上是对三年前欧洲大陆爆发的革命运动（1848年革命）的一种对抗。1789年法国大革命时代，英国通过实行政治上"冻结"的政策，阻止了革命风波的袭击。和那次一样，对于1848年的革命，英国用经济代替政治，用经济繁荣取代自由和解放的要求的办法，又采取了用举办博览会的办法来表现全国繁荣。博览会取得了成功，并且成为欧洲逐渐恢复安定秩序的转折点。

在结束了与俄国争夺土耳其的克里米亚战争后，英国外交方针调整为对欧洲以外的地区再次发动战争和恫吓。单从亚洲来看，英国在1855年迫使泰国打开国门；1857年镇压了印度民族大起义；1856年至1860年对中国进行了第二次鸦片战争。如果与俄国进行争夺世界霸权的斗争少一些的话，英国就将对欧洲以外的世界进行争夺。这时，已经不再采取18世纪那种对新占领的土地进行直接统治的形式，而是采用尽量减少占领经费的最省钱最有效的统治手段。对新加坡、中国香港、上海这些新兴的商业城市确立了统治后，不是作为领土扩张的对象进行统治，而是对那里的贸易进行控制。来福士爵士在1821年用非常低廉的价格将新加坡买到手中，把这个荒无人烟的岛屿开发成为商业的中心之一。香港和上海，根据鸦片战争后的《南京条约》，前者被"割让"，后者被开放为通商口岸。1880年以后对非洲的领土扩张与这个时期的统治，手段是完全不同的（加藤祐三，1977）。

也就是说，当时的主要目标是经济。在对亚洲的外交方面，为了扩大贸易，必须从确保必要的港口和当地的安全着眼。繁荣的维多利亚中期（1850年至1873年），城市化带来的弊病逐渐被克服，卫生状况和住房状况也有所改善。城市里建起了公园、公共图书馆，绿化也做得不错。

这样一来，政府的公共支出就增加了。财政部部长格拉德斯顿奉行的"紧缩财政""廉洁政府"的原则面临崩溃。在财政收入方面，政府用减少所得税、关税和国内消费税来推进自由贸易，同时对贵族地主增收所得税，并试图对他们的物质基础——不动产征收遗产税。

对外贸易方面怎么样呢？印度的比例越来越大，但这又不仅仅是英、印两个国家的事情。英国的产品大量输入印度，同时英国又不购买印度的产品。这样，印度的产品就必须要卖到某一个地方，这个对象国只能够是拥有辽阔土地和庞大人口的中国。印度能够向中国输出的最大的商品只有鸦片。英国向印度输出产品，印度向中国贩卖鸦片，英国从中国购买最大的商品——茶叶，这项贸易巧妙地取得了平衡。这就叫"三角贸易"。为了同以往的三角贸易区别开来，我们暂且称它为"19世纪亚洲三角贸易"。它的鼎盛时期是1842年到1880年。

贸易发达自然要求交通和情报也要发展起来。虽然有了蒸汽船，但运输物资和人员的船只仍以帆船为主。绕非洲南端的航行既费时间又受台风的影响。1869年，苏伊士运河的开通，将这个问题解决了。

传播情报的手段——电报事业，比交通发展要迅速。1835年的时候，电信传输的原理被发现。1836年和1837年库克和惠斯通几乎同时发明了电报机。进入19世纪40年代后，铁路上开始用电报联络。1851年铺设了连接英国多佛和法国加莱的海底电信设施。北大西洋海底电缆是1857—1858年铺设的，并于1865年由海底电缆铺设船"大东方"号完成。这艘船发挥了非凡的作用，1870年又铺设了新加坡—印度、亚丁—孟买等线路，使英国周围的商业圈完全连接起来。伦敦—横滨（东京）的海底电缆是1871年（明治四年）铺设的。1871年，德比赛马的盛况，从英国的伦敦到印度的加尔各答只需5分钟就能够收到（E.J.Hobsbawm，1975）。

不仅仅是商业，军事联络、新闻机构也需要利用电报设施。通过各国的通讯社，世界上发生的事情，当天就能刊发在报纸上。当然，由于那时的识字率非常低，许多人不能利用报纸获得情报。但是英国的新闻机构一方面能收集世界上很多情报，一方面又能使有损英

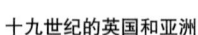

国信誉的新闻不传到殖民地。也就是说,当时社会的情报量虽然增加了,但并不意味着宗主国与殖民地变得平等了,而是情报被垄断了。在这种情况下,第三产业即服务行业明显发展起来,其中最为显著的是金融业。19世纪70年代,世界经济最不景气的时候,美国和德国发展起来,英国"世界工厂"的地位受到威胁。不久,英国走上了"世界银行"的道路,这应该说是以情报垄断为背景的。

第三章
都市化的浪潮

产业革命的城市

英国首都伦敦有800万人口，这是英国最大的城市。第二位是伯明翰（英格兰的内陆城市），第三位是格拉斯哥（英格兰的工业城市），第四位便是利兹，人口有75万。

日本大城市人口超过100万的有札幌、东京、横滨、川崎、名古屋、京都、大阪、神户、北九州、福冈等10个城市。除此之外，拥有人口50万到80万的小城市并不多。若从北部算起来的话，有仙台（62万人）、千叶（66万人）、山阳的冈山（51万人）、广岛（85万人）、和堺、东大阪（这些地区虽然都是和大阪连接在一起的，但作为独立单位来看似乎更合适）、尼崎。仙台、冈山、广岛这三个城市给人的印象和英国的大城市（伦敦除外）差不多（以上人口数字为1975年时的概数）。

利兹市的旧中心在河岸的低湿地带，周围是纺织品市场。利兹是以毛纺织工业为中心发展起来的城市，因此毛纺织品交易的市场自然成为城市的中心。古老的教堂有圣约翰教堂（1634年完成），市议会所在地的市政厅是1858年建造的，还算是比较新的建筑。在欧洲大陆各个城市，担负城市自治职能的市议会厅早已建立了，但英国产业革命城市（现在的大城市）在很长时间以后才拥有强大的权力。1832年城市议会改革后，城市才确立了上下院议员的选举区，市议会才开始对城市自治拥有权力。大约有50年的时间，处理人口集中、上下水道和卫生等问题的行政机关根本不存在，形成了一个市政管理的空白期。

个人和企业（公司）的经济投资走在了前面。对此，议会如果认为有必要的话，也会通过某些法律，这实际上是一种追认，大多是在企业主们的立案和投资计划确定后才讨论通过的。例如，对连接赫尔港和利兹的艾尔河、连接赫尔港和威克菲尔德的考尔德河的河底进行开掘时，议会因为没有实施工程的能力，便于1699年制定一系列法律，对承包工程的公司承认其资质，授予一定的权力。道路、铁道、河流、运河、港湾等，现在在任何国家，都是属于由政府或地方自治体所管理的"公共投资"部分，但在17世纪到19世纪前叶的英国，这些全是由私人企业所控制。因为国家和地方自治体的行政和税收机构不完善，公共投资的施行主体和财源都没有。在运河建设和农业建设方面，就是用既古典又现代的"公司"形式来承担的。

利兹的城市发展经过了四个阶段。第一阶段是从17世纪末到18世纪,对艾尔河进行开发通航的阶段;第二阶段是从18世纪末到19世纪前半期,产业革命带来了人口的急剧增长;第三阶段是19世纪后半期,即城市规划确定后,由市行政机关对郊外进行开发,开始建造大公园的阶段;第四阶段是20世纪后半期,由社会福利和低成长所带来的平静的城市。这四个阶段加起来,大约有300年的时间。

300多年的岁月,给人一种很长时间的感觉。如果是日本,相当于从江户时代的元禄开始,包括化政、安政的开国,明治维新,战争、战后,等等。用日本历史常识讲,这是几个不相连的时代。但对英格兰的几个大城市来说,这300多年的时间则是一个连续发展的时代。

疏通河流、开凿运河、建设收费公路等投资,和建设工厂一样,企业家是能够赚到相当多利润的。毛纺织工业的发展,如果仅仅供应国内狭小的市场是不合算的,必须要向国外开拓市场。这样,为了运输煤炭等物资，河流的疏通、运河的开凿都不可避免。从17世纪末到19世纪中叶，河川与运河都是运输的第一渠道，因此才要对其投资。

建设了工厂，就必然要建设工人住宅。资本家从地主贵族那里借来土地，进行住宅投资。从经济的角度看，工人的住宅自然是越狭窄越省钱（S.D.Chapman，1971）。当时住宅的狭窄是今天难以想象的。大约10平方米的地方，要住6个人。这样的房屋每层有两间，加上半地下室，共有三层，一套房屋中要住36个人。这样的房屋并不是独立的，是一种一二十间连接在一起的建筑物，一栋要住500人左右，呈现出过密的状态。房屋里没有厕所，也没有排水设备和供水设备。对这种建筑上的不合理方面，企业并不给予改善。因为兴办这种事情是无利可赚的。企业需要的是工人，因此只对工人住宅给予投资。对工人住宅里设施的欠缺和卫生问题，资本家绝不插手。这个发展成为社会问题，大约是在1830年以后。

除伦敦以外，其他产业革命城市自18世纪末以来，人口都是急速膨胀，如图4所示。1700年英格兰和威尔士的人口为580万左右，18世纪末增长到900万，1851年增长到1800万，1901年增长到3200万左右。根据1801年首次国情调查，利兹当年有人口5万多，1831年达到12万多，1851年增加到17万多。产业革命时期城市人口的膨胀，主要是由于农村人口流入造成的。当时正在实施圈地运动，大批农民从家园中被驱赶出来。有的观点认为农民是因为工厂中的收入较高而自愿流入城市的，还有的观点认为农民是在丧失土地后被赶进城市的（A.J.Taylor，1975）。不管怎样说，流入城市的农村人口是不具备建立新城市的经济实力的。他们凭借着自己微薄的工资，住进了狭窄的工人住宅，却再也没有能力按照自己的意愿来规划和改造居住环境了。

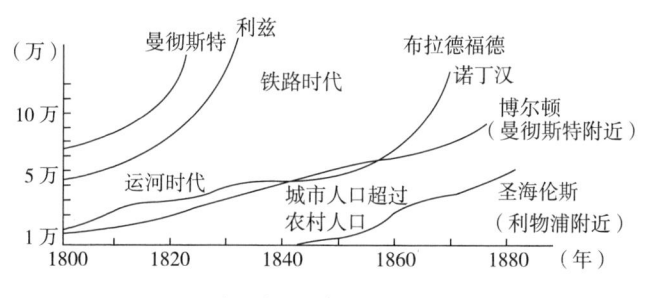

图4　主要产业革命城市人口的增长

（R.B.Jones，1971）

涌入城市的人们，自然切断了在农村时所具有的地缘关系和血缘关系，而和一些素不相识的人结成了邻居关系（从一个入口进入旁边的和上、下层的房间）。当时，行业性的工会组织还没有出现。中世纪以来，同行业性的工会组织在这些产业城市中还非常弱小。从事家庭工业和从事毛纺织工业的工人，通过产品的贩卖市场而连接在一起。但这是一种竞争关系，而不是以同种职业相互扶助为目的的。1845年，为了防止小商贩破产，成立了相扶相助协会，这在当时曾成为一个热门话题。

城市人口的增加

当时工人们居住的住宅,仅仅能够勉强地维持工人肉体本身再生产。这些来自农村的新工人,在丧失了地缘关系、血缘关系后,精神上没有新的寄托,许多人无法忍受,因此成为精神异常者,被收容到劳动之家。所谓劳动之家,就是供《济贫法》适用者等社会最下层的人们和生活不能够自理的人们的生活设施。这里为他们提供食宿和工作。

正像第二章里叙述的那样,19世纪初期,除了与军队有关的人员以外,全国的人们可分为7个阶级,最下层的第7个阶级是指《济贫法》适用者、无宿者、吉卜赛人、流浪者和那些没有固定职业而又败坏社会风气的人。这个阶级有39万户,180万人,约占全国人口的11%。应该看到,11%是一个非常高的比率。

利兹的工业区豪尔别克也有一个劳动之家,那里曾经收容过一位名叫威廉·阿沙的精神失常者。若从他的言行上看,无论如何也不像是一个精神失常者。毋庸讳言,他是那个时代反动政治的一个牺牲品。他领导过两年多的利兹骚乱,围绕着利兹城作反对皮特首相的演说。他激烈地诉说,"皮特是把国家引向灭亡的人,应该处以死刑",以至于当时人们都认为他"脑子有问题"。1801年,当一场瘟疫袭击这里时,威廉·阿沙和许多受难者一同去世了（J.Mayhall，1865）。

我想，当时对威廉·阿沙的演说产生共鸣的人肯定有许多。先不谈穿衣和住房的问题，吃饭就是一个非常困难的问题。在18世纪至19世纪那段时间里，人们的食物只是清汤加腌肉或者薄肉片，再加上燕麦做的干面包或者烤得很硬的面包。图5中的曲线表示了伦敦面包价格的变迁，1800年前后和1815年达到最高值，其他城市面包的价格变化也大致如此。冬天寒冷的时候，用小麦粉和牛奶一起煮的粥非常受人欢迎。在进入冬季前，腌肉和肉都会降价，这时买回来后用盐腌好。当然，能够买得起肉的人并不多。这种腌肉成为汤的佐料，而薄肉片则是最高级的菜肴。买不起肉的，只好依赖小麦、燕麦和牛奶这样的食物而生存。当时土豆的供给量并不是很高。

图5　伦敦的面包价格（1770—1930）

（R.B.Jones，1971）

1799年农业歉收，第二年不仅谷物的价格猛涨，羊肉的价格也飞腾，1磅羊肉需要2个便士，这是前所未有的高价。利兹的市民有3个月买不到羊肉,他们发布了《不买宣言》。5月份,在新的小麦收获之前的市场高价期间,爆发了粮食暴动,市场遭到了袭击。在农作物即将收获的7月份,粮价又上涨了20%。工人家庭购买小麦的支出已经占家庭全部支出的70%。在人们的生活收支时而赤字时而平衡的日子里,小麦价格又上涨了20%,发展成为一个关系工人生死存亡的问题。

到10月,尽管有3个投机囤积小麦的男人被分别判处罚款和监禁,但小麦的价格并没有下跌。1801年1月,小麦的价格仍然在上涨。其中既有国内农业歉收的原因,也有英法拿破仑战争的影响,从欧洲大陆进口的小麦骤然减少(W.F.Galpin,1925)。当年夏季,小麦价格下跌了一半,10月,英法两国和解。

英国是农业革命和产业革命同时进行的国家。关于农业革命,我准备另找机会进行论述,但下述内容应该引起大家的注意。农业革命发生后,单位土地产量的确发生了飞速的提高。但由于农业人口显著减少,非农业人口即粮食消费人口急剧增加,国内粮食的自给变得越来越困难,对欧洲大陆粮食的依赖越来越大。放弃农业当然会产生一些不安定的因素,但走大加工贸易的道路,更有利可图。

看看进出口情况就很清楚了。从19世纪中叶开始,出口的是棉纺织品、钢铁、毛纺织品,进口的是谷物、棉花、羊毛、砂糖和红茶。出口的棉纺织品、毛纺织品的原料也是进口的,唯有钢铁是本国生产的。进口的谷物、砂糖、红茶,可以说是制造产业工人的"原料"(肉体再生产的原料)。这的确可以说是加工贸易的典型模式,是当时世界上独一无二的特殊现象,在英国历史上也是第一次。

英国按照自己的模式,在殖民地实行强制性的单一经济政策,种水稻的就一律种水稻(例如缅甸),种茶叶的就一律种茶叶(例如锡兰),在地域广阔的印度,也只允许它种植鸦片的原料罂粟或者棉花。原来是稻米输出国的印度,一下子变成缅甸大米的输入国。这是殖民地间贸易的结果。各个殖民地单一的经济互相配合起来,就构成整个殖民地经济。将各个殖民地连接起来的是海洋运输。海运所获得的利润,在商品交易(其背后包含资本交易)方面大大地填补了国际收支的赤字。加工贸易也离不开海运这个流通网。如果因为船舶发生了问题,棉花原料没有运进来,棉纺织工业就得停工;如果粮食没有运进来,社会上就会发生粮食暴动。

19世纪英国的经济,处在"超级大国"的特殊位置上,作为一个典型的加工贸易国,情况也是比较特殊的。其他国家现代化和资本主义的发展,并不都是像英国那样。日本仿照英国的模式,走上了依靠海运发展加工贸易的道路,因此日本和英国资本主义的发展史极其相似。如果仅仅看日本和英国的表面情况,也许有人会认为两国的历史非常相似,但认真地去分析每一个典型后，就不会有这样的感觉了。

18世纪下半叶的50年间，城市人口急速膨胀，城市区域也不断向外扩张。许多新的建筑物拔地而起，住宅区和工业区都扩大了——这是一个粗制滥造的膨胀时期。经济上没有防止人口向城市流动的行动，政治上也没有采取任何措施，反而认为这意味着国家富强和进步，甚至还给予奖励。这种事情可以说是走在世界最前面的划时代的事情，当时也无法预测随之而来的负效果。即使有了这种负效果，人们也认为不依靠政治上的大变革就能够解决。当时对社会进行激烈批判的W.科贝特，也在这种政治性的"冷漠"之中痛苦地挣扎着。此刻，相邻的欧洲大陆，特别是法国，正处于政治上摧枯拉朽的时期。1851年在伦敦举办的大博览会，实际上是用经济上的诸多变革来缓和政治上的危机，用英国的经济来对抗法国的政治，采取这样对比的方法，人们就更容易了解英国。

如果说在18世纪末以来的50年间，英国处于脱离世界政治状态的话，肯定有人反对这个说法，还会举例说，在英国，1819年发生了"彼得卢"大屠杀，1832年有议会改革，1837—1848年间，爆发了世界上第一次全国性的工人运动——宪章运动。尽管从英国近代史上看，这已经算是轰轰烈烈的政治事件了，但与欧洲大陆的政治大变革相比，它简直称不上是风暴，只不过是一阵微风。英国的领导阶层，总是强调欧洲大陆政治变革所带来的负面影响，并以此作为反面教材，主张保守主义。当他们看到行不通时，便用"改革"来对付革命。经济的发展并不意味着所得均等化，但通过国家财富的增加，即通过产业革命来主宰世界的信念，则进一步助长了这种"改革"的倾向。

从政治到经济，从改革到革命，这种基本路线上的双重选择，表现在世界贸易方面，就是走重商主义的保护贸易道路还是走自由贸易道路的对立。考虑到处于世界前列的产业革命所产生的实力，世界贸易当然是走自由竞争的道路更为合适。这也就是所谓"强者的理论"。英国产业革命可以划分为三个时期。第一个时期是从18世纪后半期开始到1850年，即棉纺织工业占主导地位的时期；第二个时期是从1850年到1873年（经济大恐慌），即钢铁工业占主导地位的时期；第三个时期是从1873年以后开始的资本输出的时期。在第一个时期里，也就是在1820年左右，通过改变关税等经济措施，又采取军事和政治的强制手段，英国棉纺织工业完全战胜了当时最大的竞争对象印度棉纺织工业（加藤祐三，1979）。此后，英国的棉纺织工业便依靠资本的"法则"进一步发展力量。战胜了最大的竞争对象，也就意味着垄断了市场，保护贸易的政策也就没有再采取的必要。"自由竞争"成为一种最适合的政策。在第二个时期发展起来的英国钢铁工业，从一开始就没有强有力的竞争对象，处于"自由竞争万岁"的时期。

围绕着保护贸易和自由贸易之间的对立，统治阶级内部发生了一场政策之争。产业革命城市的资本家和新兴的势力，针对地主贵族大量占有议会议席，要求改变议会选区的不平等。1832年通过的议会改革法，使这种状况有所改变。在这以后，利兹可以选出两名下议院议员。若按照人口比例，这是一个微不足道的数字，但和零相比，又不能不说是一个变化。

上下水道

随着议会的改革，议员选区的行政也渐渐受到影响，地方自治体系得到了强化和发展。在利兹，随着1853年议会制定的市自治体法的通过，市行政机关开始运转，对每一个行政区都能进行规划了。在1626年制定的市宪章和市长规则中，市政府除了可以将罚款归为己有之外，就再没有任何财源了，政府的职能也自然不能够实施。与这个旧的市政府相比，200年后，即1835年产生的市政府，勉勉强强有了议会，有了一部分财源，开始能够发挥政府的职能。特别应该指出的是，市政府首先在私人企业不感兴趣的地方进行建设，这实在是立下了一个很大的功绩。当时，对于地主、贵族、资本家以及包括工人在内的所有的人来说，具有共同利害关系并且是最迫切需要解决的重要问题还是水的问题，即上下水道的完善问题。对于建成的公共排水沟，没法做到倒一次水就收几便士的；对于上水道也是这样，打一桶水就收多少钱仍然是行不通的。因此，这种建设绝不是私人企业投资的对象。然而，地方自治体利用征收到的税金进行最初公共投资，可以说就是用于这项建设。

但是，由于处于旧的市政府向新的市政府过渡期，一些事情不能够顺利进行，各种纠纷也不少。例如，旧的市政府还握有没有支出的6500英镑，但它又拒绝把这笔钱款交给新的市政府。对于此事，有人激烈抨击，也有人大唱反调，各种议论纷纷扬扬。一位参事会员、辉格党员的强烈反对使这件事情难以处理，最后一直闹到最高法院才算完成了移交手续（J.Mayhall，1865）。

1837年，议会通过了水道工事法，此后根据这项法律修建了上水设施。但是，由于1851年夏季遭到历史上罕见的旱情，水量不足的问题又暴露出来。这样，把位于市区北部的流量较大的沃夫河的河水引调上来的事情便提上日程。但是，水位提高后无法顺畅地下流。这时，海尔伍德伯爵慷慨出资在领地内配备了50马力的抽水机，埋设了自来水管道。上水的供给问题就这样解决了。对于海尔伍德提供的设备究竟应该怎么办，市议会上出现了各种各样的见解，最后还是决定由市政府购买下来，条件是不得超过1000英镑，这样议会才批准了这项申报——市政府的财政好像有些维持不下去了。

有了上水道，就可以永远地供水了，这样，自然也就需要下水道了。1848年，东伦敦水道局的T.维克斯特德向利兹的市长和市议会提交了一份《利兹的下水》的报告（T.Wicksteed，1848）。这是一份受市政府委托并根据修改的《利兹改良法》进行调查后所做的修建下水道的调查和预算报告书。该报告认为随着人口的不断增加，用水量也会不断增大，并对下水道的口径和长度（明渠的宽度为20多米，长度为1.5公里，暗渠需要把直径为130厘米的铸铁管埋入河底或者横穿河流）一一做了计算。在所计费用中，砖和铸铁管的费用是分别计算的。如果砖能够免税的话，总经费约为24277英镑；如果砖不能够免税的话，总经费约为25549英镑。

推算出建设下水道所需要的费用之后，又要预估收入的金额了。因为排水是不可能向受益者明确收费的，那种钱是得不到的。如果说非要有所得的话，一种方案是把淤积于管道中的污物出售，将其款项当作收入；另一种方案是根据污物中磷酸、氨的含有量来计算销售价格，以此补成本之差。第一种方案是把污物直接出售，收益仅有96英镑。第二种方案是把沉淀物处理使之变成肥料后出售，可以有11450英镑的收入。如果能够顺利进行的话，可以回收支出经费的一半。

结果究竟是如何呢？下水设施的确完成了，但支出和收入的情况是怎样的呢？特别是设想的靠销售肥料来提高收入的方案实行了没有？还是作为税金处理了？非常遗憾，要确认这些所需要的资料，我没有时间去收集，因此至今也不清楚。

因为1851年旱情带来的上水问题，随着引调沃夫河的河水而解决了，但很快又出现了缺水的事情。1866年，利兹市水道局职员E.费利达提出一份关于上水供给问题的报告（E.Filliter，1866）。报告的附录中有对过去10年间的调查，指出1856—1865年间，上水的消费量增加了约3倍。其中对大消费者的供给大大增加，达5倍以上。对工厂的用水供给也增加了一些。

1856年，家庭供水量是大消费者供水量的1/3。10年后变成1/10了，这表明对工厂的供水大大地增加了。家庭供水量之所以没有显著增加，是因为供水的家庭不过是从过去的近3万户增加到4.6万多户，仅仅增加了0.5倍。但是，每户的用水消费量从每天51加仑（约230公升）增加到95加仑。

家庭用水增加了1倍，这是什么原因呢？这份报告认为水洗厕所的增加是其主要原因，并且列举了增加的数字。1856年，供水家庭有30996户，拥有水洗厕所的是1005户（3.2%）。到了1865年，供水家庭有46305户，拥有水洗厕所的增加到3221户（约7%）。虽然说拥有水洗厕所的家庭不多，但它的用水量却极大。这就是家庭供水量倍增的原因。应该说，这份报告是击中了要害的。

这份报告认为，仅仅从河流引水还是不够的，应该建立一个储存河水的水库,水库的总面积为216英亩(0.87平方公里),估计建设总费用为258万英镑。这与20年前修建下水道工事的预算相比,经费大约是其100倍。由此可见,市里的财政支出迅速增加,这样,公共投资也增加了,其投资范围一直扩大到私人企业所不负担的部分,即"外部经济"领域。

对这项确保水源计划的反对意见,该报告也记录下来了,其中共列举了7条反对意见:

(1)河水中含有泥炭。

(2)水源(5条河流)附近的耕地由于施肥可能污染水源。

(3)水源附近有铅矿山,铅有随水源流出的可能。

(4)水源附近有煤矿和铁矿的开采场,那里的排水可能会流到河水中。

(5)河流流域的人口在渐渐增加,这种排水可能会污染水源。

(6)由于这里要开通铁路,将来这附近肯定要增加许多村庄。

(7)在割羊毛的季节,要在这些河流中洗羊。

对这7条反对意见,报告者进行了逐条反驳,主要是说在数量上还没有达到很危险的程度。他虽然没有使用数量这个词,但概念是一样的。这附近有溪谷,最高处才300米,而真正的水源高度应该是700米。这里没有像日本那样的高山,农耕地和居住地接近水源的可能性很大。

针对各项意见,报告者提出了如下的反论:

(1)河流中含有泥炭并不是个问题,可以过滤消除。

(2)农耕地仅占1/5—2/5,其他大部分是牧草地。在牧草地施肥的现象很少发生。

(3)在水源地没有铅矿山,选矿地在距离水源较远的下游。

(4)铁矿石的开采场非常少,而且吸收微量的铁对人体有益处。

(5)事实上,19世纪此地人口不仅没有增加,反而是在不断减少(例如,1821年有1441人,到1861年减少至1038人)。

(6)将来这里是否能够建立铁路及车站还不清楚,目前这里人口很少,是通往旷野的一个出入口。其他4个水源地域的人口虽然可能会增加,但那是将来的事情。

(7)任何地方的河流都能够洗羊。因为洗羊是一个季节性非常强的事,避开河流用水来洗也并不困难。

反对意见与驳斥意见,究竟哪一个更有说服力呢?日本明治维新以前关于公害的论争,也与此一样颇有些现代性的味道。

第二编
19 世纪亚洲的三角贸易

第四章
红茶和棉布

从东方到西方

随着商品流通的日益扩大,被称为"舶来品"的外国商品不断输入英国,英国的商品也陆续输出到外国。这些舶来品的输入,不时激起英国人的好奇心。由此可见,对舶来品抱有好奇心,并不是锁国时代的日本所特有的现象。强烈的好奇心不仅意味着对舶来品的欲望,还意味着对探求外部世界的欲望。

众所周知,欧洲人早期和东方进行贸易时,首先希望得到的商品是丝绸、生丝和胡椒等调味品,其次是茶叶和咖啡豆。虽然说喝茶与咖啡又引起了对砂糖的需求,但由于砂糖产自西印度群岛和非洲,因此与亚洲没有什么关系。当时,茶叶和咖啡在贸易方面扮演"主角"的重要性是不言而喻的,更有趣的是它还导致英国国内产生了咖啡店文化(最早的咖啡店于1648年出现在牛津,1650年出现在伦敦)和茶馆文化。人们聚集在这些地方商谈买卖，交流情报，有时还酝酿阴谋勾当，这样就形成了都市的新气氛。如图6所示，到18世纪末期，价格一直昂贵的茶叶，由于关税降低等原因开始降价，逐渐进入到普通百姓家庭，在市民的生活中扎下了根，与此同时，对咖啡的需求量却没有增加。就这样，茶叶从贵族的奢侈品转变为市民饮食生活的必需品，如图6所示。从以茶叶为贸易目的的17世纪，到19世纪60年代印度、锡兰红茶问世的200多年间，能够向外供给茶叶的国家只有中国。提起红茶，人们往往会想到印度产的红茶，但其输出实际上是在1870—1880年（日本进入明治年间）以后的事情。在此之前，中国是世界上唯一的茶叶出口国。

出现在首都伦敦街头的咖啡店，因其异国情调的豪华室内装饰，颇受人们的青睐。地主贵族们在6月份返回乡村住宅之前，大都住在伦敦的别墅里。当他们无法打发时间和金钱时，便聚集到咖啡店。店内不仅出售咖啡，还出售茶和酒：酒一般是本店特意调制的鸡尾酒（B.Lillywhite，1963）；茶则有奶茶，即注入牛奶的

红茶；还有高级茶，即中国的乌龙茶，这种茶不添加牛奶和砂糖就可以饮用。

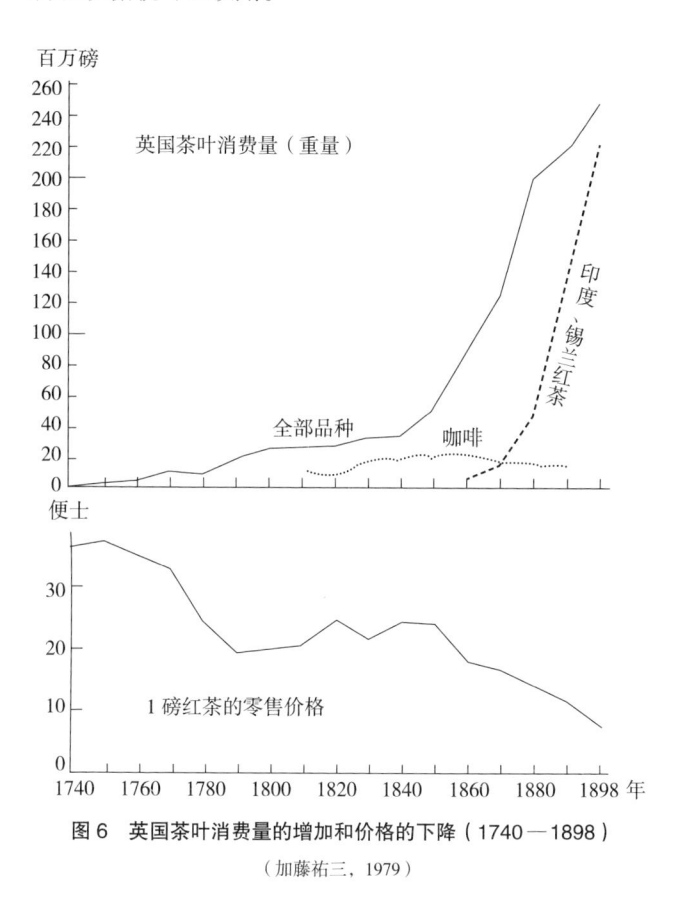

图 6　英国茶叶消费量的增加和价格的下降（1740—1898）

（加藤祐三，1979）

伦敦，与其称为工业中心，倒不如称为金融、贸易和情报中心，这一点至今变化不大。它是粮食交易的中心、保险中心、国内对外贸易的中心。当某种商品畅销时，这里就会形成新的流行中心，来到这里的人不是靠强制命令，而是出于自己的物质欲望。这种现象在封建社会的束缚中是不可能产生的。当时，不是什么人都可以进首都的。要取得首都市民权才能进入首都，申请这种权利时必须经过严格的资格审查，但这对于拥有金钱和通过议会已取得政治权力的地主贵族们来说并不困难。后来，随着人口的增加，资格审查的放松，以及城市劳动力的需要，大量在农村被剥夺土地而身无分文的人也涌向首都。这些人靠从事各种各样的职业来获取收入，首都也因而出现了许许多多的行业（H.Mayhew，1851；1861—1862）。

在欧洲，人们曾想仿效亚洲诸国栽培茶叶和咖啡，但由于气候的原因未获成功。凭借着法国的养蚕业，伦敦东部出现了手工业性质的丝绸工业，但这也仅仅是对中国和印度舶来品的一种补充罢了。然而，通过这些，英国人开始明白，若能廉价地购入原料，提高技术，便能生产出本国的产品来代替舶来品，还可以向国外出口。当时，首先发展起来的是陶瓷业，其次是棉纺工业。前者在国际竞争中没有获胜（或者说根本没有能够进入国际竞争的行列），后者则成为英国工业革命的先驱。

英国在17—18世纪间输入中国和日本（有田市）的瓷器，引起人们的极大兴趣，本地的陶瓷业纷纷制造仿制品。康沃尔、利物浦、利兹、北塔福德等地，仿制出造型相同、颜色相同，只是人物不着中国服装，而是穿戴英国贵族服装的陶瓷大盘子。还有完全仿效中国瓷器的，但由于釉的涂法和烧制的温度不同，表面光泽也不同的茶钵等有趣的瓷器。当时，贵族和地主的城堡内都设有起名为"CHINA"（陶瓷·中国）的房间，以示他们最感兴趣的是"中国"和"陶瓷器"。

收藏在贵族们城堡内的瓷器以同时代的中国清朝瓷器居多，本地的仿制品也大多照此模仿，采用淡蓝色的秀美的花纹，看上去绝不会有单调、枯燥的感觉。因此，在这些收藏品中，只要仔细看看，就能够发现不少英国的仿制品。这些仿制品的价格都比较便宜，色彩和花纹也可以定做，有的还可以将贵族的肖像委托制作进去。

若把陶瓷器的仿制看作外来产品转变成本国产品成功的第一步的话，那么他们迈出的第二步，就是要把从印度、中国进口而且数量最大的商品——棉布和棉制品，也转变为国产品。以往，西服的面料都是用毛纺织品，不仅洗涤麻烦，而且长时间穿着后还会产生一股刺鼻的臭气。据说香水曾因为能够消除这种臭味而大受上流绅士的欢迎。当时，已有相当数量的英国人居住在外国，英国的殖民地也大多处在气候比本国炎热的区域，因此那里出现的服装式样必然影响到首都伦敦的流行款式。获得日光较少的英国人对阳光的向往是非常强烈的。在炎炎的烈日下，非洲人和亚洲人半裸着身体，而英国人则穿着吸湿性能良好且凉爽的西服，这种形象必然强烈地刺激了英国国内的服装流行款式。结果，英国的绅士淑女们竞相购买印度"土布"和中国"南京布"。

到18世纪后期，英国的棉纺织工业迅速成长，成为工业革命的先驱。棉纺织工业的发展实际源于产自中国、印度的舶来品，没有人认为英国拥有棉纺织品的专卖权，但也几乎无人晓得舶来品对英国棉纺织工业发展所给予的刺激。为了挤垮印度棉纺织工业的势力，垄断市场，英国棉纺织工业通过议会和殖民地政府，在关税上做手脚，以遏制"舶来"棉布在国内市场的声望。

棉纺织工业的机械化生产在英国站稳脚跟后，急需销售市场。由于气候的关系，与棉纺织品相比，欧洲大陆对毛纺织品的需求更大些。进入19世纪后半期后，比利时、德国、意大利的棉纺织工业也有了很大的发展。英国想获得最大的棉产品销售市场，它也成功地这样做了，把曾经是棉纺织品出口国的印度改变为棉纺织品的进口国。这样，以往由印度流向英国，由东方流向西方的棉布输出现象逆转过来，大约在1820年前后，英国开始向印度输出棉布。1827年，英国对印度的出口中，棉制品和棉纱居首位，占全体的46%。1828年达到50%，以至于在整个19世纪里都维持在50%以上（图10，第124页）。由于英国棉纺织品潮水般地涌向印度，印度的棉纺织工业遭到了毁灭性的打击。

接着，英国棉纺织工业的资本家们又瞄准了中国市场。在他们看来，印度、中国都是人口众多、需求量大的国家。如果能在商品竞争中取胜，那里就可以成为最大的买主。为了能够把印度、中国搞到手里，英国采取了种种手段。但是，尽管英国使印度成为它的殖民地，它却没有力量使中国也成为它的殖民地。鸦片战争（1840—1842）以及后来的几次战争，固然使中国的主要港口开放，但英国棉纺织品的出口始终未达到预想的结果。为此，正如下章所述，作为棉纺织品的替代品，英国把在印度生产的鸦片销往中国。

茶的历史

茶的历史，若从英国的角度看，就是中国茶的历史。正确地说，应该是中国茶的生产史。因为在1870年印度和锡兰产的红茶大量涌进之前，中国产的茶叶在这里占据整个市场。

茶叶的分类法有几种，确立于19世纪，至今仍然通用的分类有以下四种：（1）绿茶（不经发酵，使其自然干燥），（2）红茶（使其发酵），（3）乌龙茶（介于绿茶的不发酵和红茶的发酵之间，使其半发酵），（4）茶块（团茶，把茶末集中凝结成固体。在历史上，它不是海上贸易的商品，而是通过俄国、中亚的陆地贸易）。

其中（4）是前面所提到的绿茶的变形，因而原则上可以划分为三个种类。

1834年以前，英国的茶叶贸易为东印度公司所垄断，因而走私非常严重。关于东印度公司垄断时代的茶叶贸易，英国议会文书上有详细统计（B.P.P.，1845，XLVI，图7）。从这里可以看出，1740－1837年约100年的时间里，东印度公司的茶叶收购量、批发价格以及茶叶的品种。由于在东印度公司经手之外，还有大量的走私（这也是由垄断贸易改为自由贸易的要求），因此这项统计不可能包括全部。该资料中还有数据，但不能确认其准确性。尽管如此，也足以显示出总体的倾向。第一次输入增加时期的茶叶，在按其品种绘制成的图7中可以看出，红茶占绝对多数。18世纪以后，红茶里面的中级茶即功夫茶迅速发展，渐渐取代了作为大众茶的武夷茶。绿茶、乌龙茶原来就相对不多，并且呈减少的趋势。这种倾向表明，不加糖和牛奶的上流阶层的饮茶习惯，在达到一定程度后不再向前发展；而加入牛奶的红茶（英国茶）占压倒性多数，至此，红茶已经大众化了。中级红茶取代了最便宜的茶，站稳了脚跟。

作为中级红茶的功夫茶与作为大众红茶的武夷茶价格上相差多少，现在没有可供比较的零售价格方面的资料。若从当时东印度公司在印度商行提交拍卖的批发价的平均值来看（B.P.P.，1845，XLVI），起初价格相差一倍以上，后来双方都陆续降价，价格渐渐接近。中级红茶的价格接近 1760 年的便宜的红茶价格是在约 30 年以后,即 1790 年,如图 7 所示。与图 5 的面包价格暴涨相比,红茶的价格不仅下降了,而且下降的速度很快。这也可以看作红茶大众化的原因。

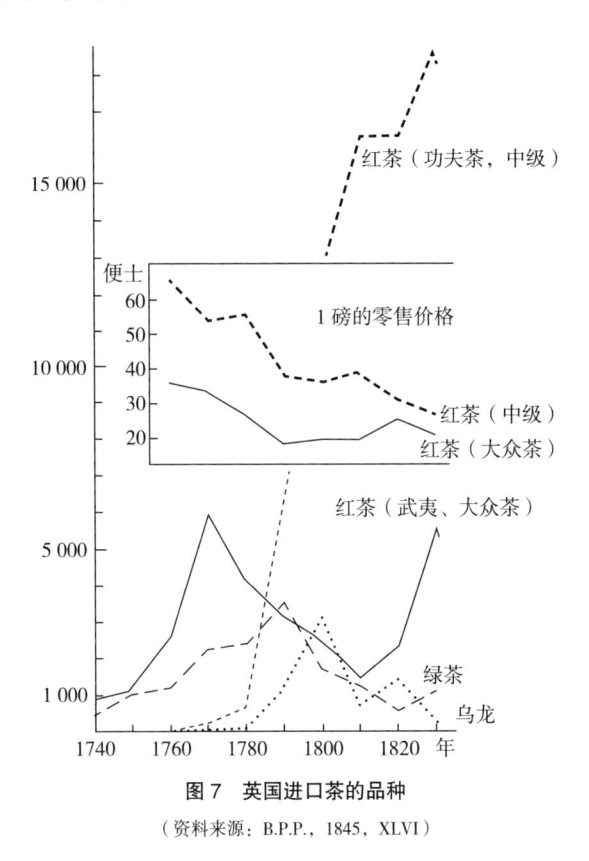

图 7　英国进口茶的品种

(资料来源:B.P.P.,1845,XLVI)

从第二章(表 4,第 58 页)所开列的一个农民家庭的收支账目也可以看出,这个家庭每星期要购买 1 盎司(1/16 磅,约 30 克)茶叶,这再次说明茶叶已经不是奢侈品，而成为生活的必需品。该收支账目里将红茶、砂糖、黄油列为一项，或许是购买这些东西的商店是同一家的缘故。在其他一些家庭的收支账目里（J.L. & .B.Hammond，1948等），大多是将这三者列为一项，也许是当时购买红茶的费用占家庭支出的3%。另外，由于红茶已经进入家庭，所以城市里的咖啡店便不再卖红茶，仅卖咖啡和酒。开始，酒在城市的小酒店里才能够找到，1834年后，销售瓶装啤酒的酒店（off-licence）好像是获得了许可（在此之前，大多是秘密酿造、秘密出售，因此，许可只是正式的、表面的），因此，像以前一样，酒也进入了中流以上的家庭。

茶叶当中，红茶是占主流的。红茶的进口越来越盛（前图6）。红茶急剧增长的第一个时期是在18世纪末，第二个时期是在1840—1870年间。第一个剧增期的原因是1785年皮特首相将茶叶的征税率从119%下降到12.5%，然后又传闻要涨上去（D.Forrest，1973）。19世纪70年代，印度、锡兰红茶的上市，是第二个剧增期的原因之一。当时的红茶不仅税率低，而且批发价也低，从而促进了需求，另外，从遥远的中国、印度而来的运输成本也在下降。同时，在中国可以购买到廉价的茶叶（加藤祐三，1979），在迁居印度、锡兰的英国人的茶园内也能够廉价地生产茶叶。

对于英国来说，茶叶在整个18世纪期间，都是价格高昂的贵重品、舶来品，所以茶叶走私非常严重，甚至有时即使靠走私也难以买到。在这种情况下，便出现了伪造品、混合品。混合、伪造的茶叶中，有的甚至达到了以假乱真的程度。

禁止伪造茶叶被法律明文规定。1725年颁布了这样的法律条款："茶商、茶叶制造者及茶叶着色者中，有用棕儿茶或其他药品进行伪造者、有混入茶叶以外的叶子冒充茶叶者，处以总计100英镑的罚款。"（D.Forrest，1973）

制做假茶叶的代用品或伪造品也是相当困难的。下文是1784年一个人给茶商托瓦依克宁送来的制造方法。

用小叶岑的叶子混入红茶的伪造法

将小叶岑的叶子收集后，放置于阳光下晒干，然后煎熬。煎熬后置于地板上，用力踩踏，直到变成碎叶为止。再将其放入绿矾和羊粪制成的混合液体中浸泡，捞出后让其自然干燥，便可出售。

小叶岑是一种被称为桉的树木，在英国处处可见。之所以要掺入羊粪，大概是想既能廉价地取得原料，而成品又要与红茶真假难辨，只是所尝所嗅的味道不能保证。不过这么做好以后，将它混入正宗红茶一起出售即可。伪造者想必是这样考虑的。

茶、棉布和鸦片

我们现在把视点移向东方。英国在中国购买茶叶，需要支付银圆。这样，由西向东行的英国商船常常是装载着银圆，在中国广州购买茶叶后再运向西方。1834年以前，英国东印度公司垄断着茶叶贸易。那时主要的消费市场是欧洲和美国。美国独立（1776）之前，英国运往美国的茶叶，首先要运往伦敦，然后跨越大西洋，绕地球 3/4，其行程遥远是不可估量的。1760年，英国国内茶叶的消费量是1750吨，从英国向美国再出口的茶叶量约占其 1/4。对于殖民地的美国来说，不愿把作为生活必需品的茶叶的进口权都交给宗主国，因此独立的意识日渐高涨。美国独立后，美国商船通过太平洋航线进行茶叶贸易的活动大为增加。

茶叶的需求持续高涨，而英国能够向中国出售的商品却非常稀少。对英国来说，银圆不断地外流，是单方面的入超。英国政府本来想将引导英国工业革命的棉纺织工业的产品作为最大的招揽顾客的商品输往国外，结果却不尽如意。对于印度来说，由于被英国任意调整关税率，致使以往一直出口的印度棉布（特别是最薄的白布）发生逆转，这种由东向西的流动转变为自西向东的流动，在英国机械化工厂生产的棉布开始源源不断地涌向印度。1813年，东印度公司对于英印贸易的垄断陷于崩溃。自由贸易从此开始,并加强了棉布由西向东的流动。若仅从东印度公司的经营来看,这种由西向东的逆转于1820年前后结束。英国从中国进口茶叶,同时停止丝绸、棉布的进口,这才确保了本国棉布的出口。

如果稍微注意一下,则不难发现,在此之前英国已经开发了另一种出口商品,这是一种在英国国内不能够生产的商品,这种商品就是鸦片,由英国在印度种植罂粟并精制而成后向中国出口。1757年的普拉西战役使英国东印度公司取得了自孟加拉地区至恒河流域土地的直接控制权。英国东印度公司被国王(或女王)授予特权,作为一个国策公司对议会、政府有很大的影响力。东印度公司拥有军队,占领印度土地后,必须确保其经费的来源。土地税是东印度公司收入的重点,但仅此还不够,于是开始种植罂粟,并且专卖由罂粟中提炼出来的鸦片,向中国出口。英国东印度公司专卖鸦片始于1773年(B.P.P., 1783, VI;H.B.Morse, 1912, Vol.I)。不仅是英国,丹麦、荷兰、法国等国的东印度公司也在印度收购鸦片,不时发生纠纷。在这种情况下,英国东印度公司将此改为专卖制。1790年,英国向广东出口鸦片4054箱,与开始专卖权的1773年的约1000箱相比,在20年的时间里增长了3倍多。

向英国出口茶叶的第一个剧增期是在1780年以后。这时,东印度公司已经开始通过印度向中国出口鸦片,从而将进口茶叶所花费的银圆又捞了回来。英国下院特

别委员会在 1783 年提出的报告书中有一段关于鸦片的论述（B.P.P., 1783，Ⅵ）

> 国际上承认的最初的专卖权是鸦片的专卖权。……要防止混合物；要防止这种有害的物品在印度过度地消费；要中止由于过剩供给而威胁外国市场的过度的竞争；罂粟种植者不许由于缺少资本而继续种植耗用经费的罂粟；个体商人不得向种植者提供充足的资本……
> 上述理由，支持了这项专卖制度。

这样，东印度公司开始行使鸦片专卖权。它不仅垄断了公司领土内的种植、精制、销售，而且不久后便开始经营出口公司以外领土上生产的鸦片。公司领土内的比哈尔邦和贝纳勒斯的鸦片经过加尔各答出口，被称为孟加拉鸦片（中国名称为公班土、喇庄土）。另一片种植地是尚未属于公司领土的中印度，东印度公司在那里不能垄断种植、精制的全部过程。出自这片种植地的鸦片运至孟买，再从孟买出口，被称为马尔瓦鸦片（中国名为白波土）。在出口地孟买、马尔瓦，对鸦片要征收税金，鸦片的收购量、出口量借此也得到调整。关于鸦片出口和鸦片种植的实际情况将在下一章里介绍。

中国—英国的茶叶贸易确立于 18 世纪初期，在 18

世纪80年代得到迅速发展。与此相应,印度—中国的鸦片贸易于1773年形成专卖制,到1790年时已经上升到相当的数量。英国的棉布出口体系形成之前,茶叶、鸦片这两种商品的贸易结构就已经形成了。而用英国的棉布将英国与印度连接起来,那是在1820年左右的事情了。

或许已经不难看出,这就是19世纪的亚洲(以人口最多而自豪的中国和印度)与英国结合的三角贸易的原型。以1825年为例,这种三角贸易的概念图绘制如图8所示。

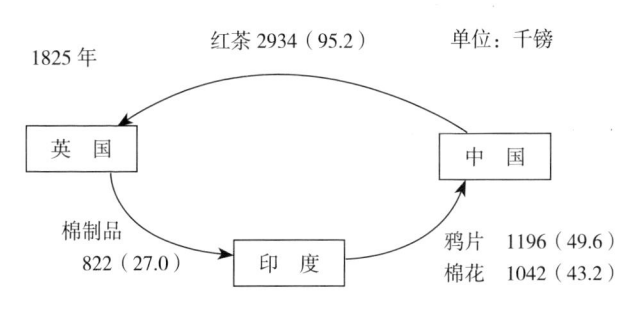

```
1825年        红茶 2934(95.2)        单位:千镑

  英 国 ──────────────────→ 中 国
    │                         ↑
    │ 棉制品                  │ 鸦片 1196(49.6)
    │ 822(27.0)               │ 棉花 1042(43.2)
    └──────→ 印 度 ───────────┘
```

图8 19世纪亚洲三角贸易的概念图(1)

注:括号内是标出的商品占两国出口总额的比率(%)

(加藤祐三,1979)

由此可见,英国是从印度向中国出口的棉花。作为中国土布(家庭工业织造的土布)的原料至20世纪前,其数量是逐渐减少的(图13,第145页)。

英国工厂生产棉制品(棉布及其加工品)的出口目的地最初是以美国为主,其后突然转向亚洲、非洲、南美洲，且出口不断增加。至 1830 年前，总体的平衡已经倒转过来，这一点从图 9 中也可以清楚地看出来。其中最大的市场无疑是印度。略微不同的观点如图 10 所示。曲线①是英国对印度出口中棉制品所占的比率，1830 年达到 55%，该曲线一直维持于整个 19 世纪，这明显表明英国对印度的出口重点放在了棉制品上。

曲线②和曲线③是英国棉制品对印度出口和对中国出口分别占英国棉制品总出口额的比率。从图中所呈现的比率来看，出口的总量是一直在增加的。若按国别来区分，向印度出口占第一位，向中国出口占第二位。向印度的出口一直保持在向中国出口的一两倍以上。对英国棉纺织工业来说，向印度出口棉制品具有战略上的重要意义。

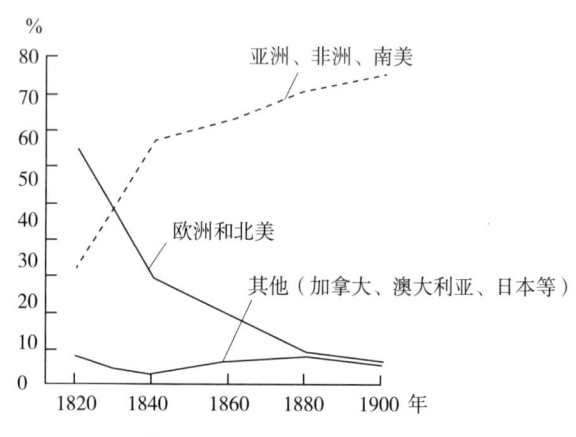

图 9　英国棉制品的出口目的地（1820—1900）

（B. R. Mitchell, 1962, chap.XI 绘制）

图 10 英国棉制品出口与印度、中国的关系

① 英国对印度出口中棉制品所占的比率。
② 英国对印度出口的棉制品占英国棉制品总出口额的比率。
③ 英国对中国出口的棉制品占英国棉制品总出口额的比率，1815—1874 年每隔 5 年，1876—1898 年每隔 2 年。（加藤祐三，1979）

印度和中国两国在英国的棉纺织工业崛起之前都是棉制品的出口国，这既意味着两国具有棉制品的加工技术，也表明两国国内的需求。从气候、风土方面看，印度与中国所需要的棉布是相似的。粗略计算一下，中国的人口是印度人口的一两倍。在英国人看来，如果棉布的消费量与人口成正比的话，向中国出口的棉制品也应该是印度的一两倍以上。因此，兰开夏郡的棉纺织工业资本家便一直将出口的目标对准中国。但是，对中国的出口并不像想象中那样发展顺利，而产于印度的鸦片向中国的出口却意外地顺利（第五章内介绍，暂时参照图 12）。现在用与前图 8 的 1825 年的三角贸易概念图相同的形式，以 1850 年、1880 年、1898 年为例，将这种关系绘制成图 11。

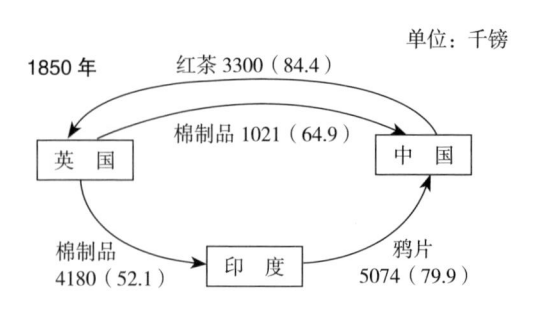

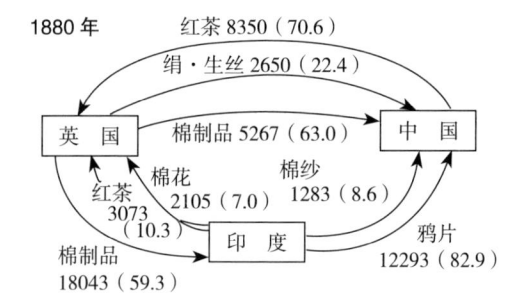

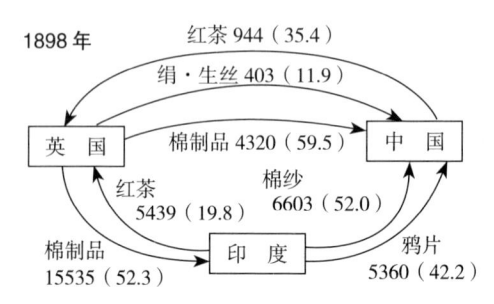

1850 年
- 英国 → 中国：红茶 3300（84.4）
- 英国 → 中国：棉制品 1021（64.9）
- 英国 → 印度：棉制品 4180（52.1）
- 印度 → 中国：鸦片 5074（79.9）

单位：千镑

1880 年
- 英国 → 中国：红茶 8350（70.6）
- 英国 → 中国：绢·生丝 2650（22.4）
- 英国 → 中国：棉制品 5267（63.0）
- 印度 → 英国：红茶 3073（10.3）
- 印度 → 中国：棉花 2105（7.0）
- 印度 → 中国：棉纱 1283（8.6）
- 英国 → 印度：棉制品 18043（59.3）
- 印度 → 中国：鸦片 12293（82.9）

1898 年
- 英国 → 中国：红茶 944（35.4）
- 英国 → 中国：绢·生丝 403（11.9）
- 英国 → 中国：棉制品 4320（59.5）
- 印度 → 英国：红茶 5439（19.8）
- 印度 → 中国：棉纱 6603（52.0）
- 英国 → 印度：棉制品 15535（52.3）
- 印度 → 中国：鸦片 5360（42.2）

图 11　19 世纪的亚洲三角贸易概念图（2）

注：括号内是标出的商品占两国出口总额的比率（%）。（加藤祐三，1979）

英国棉制品的销售不能够在中国的市场上任意发展，这对英国人来说是一个棘手的问题。如果说鸦片战争前的中国只开放广东，其原因还可以归于港口数目较少的话，那么在《南京条约》签订后的中国开放了五大港口，但市场发展仍然不顺利。

1847年，喜欢设立委员会的英国议会又设立了中国贸易特别委员会。这是在鸦片战争发生5年以后的事情了。顺便提一下，在19世纪40年代，针对工厂的实际状况、迅速膨胀的工业革命城市的现状、各地的卫生及犯罪问题等，英国议会设立了许多委员会。由于当时的议员不能够直接代表民意，议会便委托各种委员会进行一些调查活动，让它们报告各地的实际情况，或召集代表各方利益的人。虽然说当时议会活动的中心内容是以国内问题为主，但对外贸出口问题也不放松。原因很简单，英国经济上对外依赖性很大，工业原料（特别是棉花）和大部分粮食都依靠从国外进口，产品的销售也大多依赖外国，关于这一点我在后面还要加以说明。

了解设立中国贸易特别委员会的目的，就要分析英国工业产品（这里主要指棉制品）出口不能够增长的原因，以找出问题的关键（B.P.P., 1847, V；滨下武志, 1976）。对此，委员会的结论是：第一个关键问题是贸易金融方面的结账方法；第二个关键问题是中国除了出口茶叶以外，对英国出口的工业产品，就再没有能够作为交换物品的产品了。从事对中国贸易的英国商人说："英国运来的商品，主要是与中国的茶叶进行现货交易。大量的商品运到中国，中国商人可以用取之不尽的茶叶与其交换,他们得到英国商品后并不想付现金。"英国人被中国的茶叶巧妙地束缚住了。

为此,英国商人提出了汇款方案:"我们以鸦片作媒介,为孟买商人(鸦片的卖主)将相当于鸦片价格的银圆送至本国(英国),他们从孟买(用相当于英国商品的价格)将汇票寄往英国。"[(*)内为加藤祐三所注]

不久,公司与银行产生了责任分担的问题,也就是说为了使公司活动顺利进行,中心设在伦敦的银行要到各个殖民地去设立分行。最古老的阿加剌银行(1833年开设于印度)首先于1858年在上海设立分行,这意味着英国对中国贸易真正走上正轨(石井宽治,1979),殖民地银行对英国公司的汇款、结账起了重要的作用。进入19世纪70年代以后(特别是1873年英国发生经济危机后),殖民地银行开始办理对清政府的政治借款。由商品输出走向资本输出的"大转换",改变了银行业务的主要内容。由辅助英国商人的贸易改变为在金融方面保证英国对中国的政治统治。准确地说,英国政府追认了英国金融资本的要求,这些银行也就发挥了强化殖民地、半殖民地统治的"前导车"或者是"尖兵"的作用。

这种变化是在短短20多年间发生的。这个时间说短也短,说长也长。此时日本正处于由幕府末进入明治的重大转换时期。对英国来说,中国比日本拥有更加辽阔的市场,并且中国已经和英国进行茶叶交易,因而对中国更感兴趣(英国对日本经济开始产生兴趣是在中日甲午战争前后）。

我们把话题再拉回到1847年设立的中国贸易特别委员会上面来。关于英国产的棉制品与印度产的鸦片的关系，从事对华贸易的英国商人A.马塞松和质询者有如下问答。

> 问："你是否认为英国商人经营鸦片贸易能够使英国对中国贸易的局面全面打开？"
>
> 答："我确信如此。英国工业产品进入中国东海岸地区时，只能售出极小部分。如果装载棉制品的船不携带鸦片的话，该船恐怕连路费都赚不回来。"
>
> 问："照此看来，现在鸦片可以成为对华大规模贸易的先驱者了？"
>
> 答："的确如此。我认为如果没有鸦片的贸易，棉制品贸易也就不会发展。因为在目前的情况下，继续棉制品贸易的费用是承担不起的。"

马塞松的回答是很明确的。他作为以鸦片贸易为主要业务的公司代表，对鸦片贸易的作用给予的高度评价当然有些过分。如果提问的方式不同，或许还有其他的回答。但从他的发言来看，他将鸦片贸易看作是棉制品出口的先行投资，将鸦片看作是棉制品的先驱。这样，若问鸦片是否是某一时期的、暂时的商品，回答恐怕也是不。至少对鸦片出口的下降不会置之不理。如从图12（第138页）所看到的，当时正值鸦片贸易的剧增期。

另一位公司代表这样说："怎么样能够用特定的商品作为与中国商品的等价交换物呢？如果说用棉制品代替鸦片作为进口红茶的交换商品的话，那简直是不可想象的。"对这段话可以有两种解释，一是对扩大棉制品销路抱绝望态度，二是由于鸦片获利大而固执己见。无论怎样讲，都是坦率地承认了对鸦片贸易的依赖性。

不妨打这样一个比喻，即"鸦片是棉制品的化身"。有人认为，由于鸦片的消费量大，中国的购买力已经达到极限，因此英国的棉制品卖不掉——这种解释是难以成立的。另外，还有两种意见：第一种意见认为英国棉纺织工业是工厂式的生产，依靠商人销售，因此不能自己开拓市场；第二种意见认为中国已经形成土布生产流通的、传统的、稳固的市场，面对厚而结实的土布，中国老百姓不会接受外国产的华而不实的棉布。

进口棉花，在工厂纺纱织布，加工后向国外出口。这种棉制品出口的比率，19世纪初为60%左右，1841年下降到50%左右，50年代起恢复到60%左右，80年代达到70%左右。这是一种依赖性极高的出口大于内需的工业，也是具有很高附加价值的工业，其附加价值率（从成品价值中扣除原料棉花的费用所得的附加价值在成品价值中所占的比率）如初期一样高，19世纪上半期平均约75%，19世纪后半期约60%（P.Deane，

1967），并且资金周转快。

在这里可以看到典型的依赖于棉纺织工业的加工贸易的例子。由英国主要进出口商品的比率（表5）可知，英国当时进口工业原料和食品，并出口其成品；只有钢铁是用国内铁矿石和煤炭冶炼的；而棉、毛制品的原料均依靠外国进口。从进口粮食、砂糖、红茶这一点上来说，英国的工人，或者说英国人的繁殖是依赖于外国的。在英国与亚洲的关系方面，红茶与棉布占有极其重要的位置。从中国进口红茶，向印度出口棉布，将这种贸易联系起来的纽带是从印度向中国出口鸦片。

表5　英国进出口居前几位的商品的比率（%）

	1810年	1829年	1850年	1874年	1884年	1898年
出　口						
棉制品	39.5	66.3	45.5	20.1	25.3	24.0
铁　钢	3.3	3.1	10.0	10.5	10.5	9.7
毛织物	11.9	9.5	16.1	7.7	8.6	5.9
进　口						
粮　食	3.1	5.9	11.9	13.8	12.3	13.4
原　棉	5.1	15.7	20.9	13.7	11.4	7.3
原　毛	0.6	1.6	1.9	5.6	6.7	5.0
砂　糖	7.4	12.3	9.5	5.5	5.2	3.9
红　茶	2.2	5.7	4.9	3.1	2.7	2.2
咖　啡	6.0	4.6	3.1			

注：咖啡、砂糖的再出口部分占20%左右。

资料来源：1810年、1829年、1850年 B.R.Mitchell, 1962, PP.282—283, 289—2891、295, 303, 1874年、1884年、1898年是 B.P.P. 的各年度。

第五章
鸦片贸易

鸦片的经济效益

1881年12月6日英国《泰晤士报》上刊载的读者来稿中有这样一段内容:

> 根据我本人已有的经验,吸鸦片是没有害处的。一些人根据他人的非科学的观察,认为吸鸦片是有害的。对此,我想用自己的身体进行试验。当然,我并没有冒使用非精制的"烟土"和鸦片中"可吸的提取物"的危险。如果他们自己亲身尝试一下的话,就能够强烈地感受到吸鸦片是没有害处的。这样,我也就感到满足了。

这篇来稿的作者是英国药物学的教授G.巴德特,同时,他还任殖民地印度孟买的国立中央经济博物馆的馆长。文章中还写道:

> 食鸦片、饮鸦片与吸鸦片是完全不同的。吸鸦片能够促进身心的恢复。靠吸食而进入体内的鸦片具有强烈的、危险的兴奋剂的作用。即便如此,鸦片的危害也不会大于酒精。

这段文章不长,很快就能够读完,但细细琢磨起来,文章中有许多不可思议的地方。由药物学家来担任经济博物馆馆长,这或许仅仅是个名誉性的职位。例如,称吸鸦片与食鸦片有区别,前者完全无害,后者虽有危险但与酒精相比危险小得多,这种论点含有相当多的政治演说的色彩。

当时,在英国的确存在着吸鸦片与食鸦片、饮鸦片的区别。在中国一般是将鸦片混入香烟内吸用,或者用特制的烟枪吸食,几乎没有化为液体饮用或做成药丸食用的。与此相反,在英国则是直接饮用液态的鸦片,或者将鸦片掺入啤酒中饮用。因此,在英语中多称为"食鸦片",几乎不讲"吸鸦片"。

"吸鸦片"是相当例外的用法。著名浪漫派作家德·金西有一篇《一个英格兰鸦片吸食者的自白》的作品,表达了鸦片服用者的内心世界。对于"食鸦片"或"饮鸦片"之类的用语,日本语中的翻译是很生硬的。日本人自幕府末、明治时期以后,对鸦片极为敏感,严格限制流入国内(请参考第九章),几乎不知道"食鸦片""饮鸦片"有什么区别,因此也不可能在语言文字上对两者加以区别。

G.巴德特认为食用鸦片是直接的摄取，因而具有"强烈的、危险的兴奋剂的作用"，这是从医学角度对英国国内服用鸦片的习惯提出了不同的意见。但文中提出的"吸鸦片无害"的论点，一方面促使英国国内服用鸦片的方法从液态服用转向吸服；另一方面积极肯定了向以吸为主的中国出口鸦片的事情。这篇文章并没有从理论上探讨什么问题，只是想说明"认为鸦片是毒品"的说法是外行者的道德论，吸食鸦片从医学上讲是无害的。

国立中央经济博物馆所在地——孟买，是位于印度西海岸的港口城市，是通往宗主国英国的正门，此外，它还是一个重要的出口港口，因而也是以棉纺织工业为主体的印度第一工业区。在承担对外经济贸易的孟买、加尔各答、蒙德拉的三大港口中，孟买发挥的作用远远超过另外两个港口。作为国内运输手段的铁路的发展也是以孟买为中心向内地延伸的。叙述至此，国立中央经济博物馆建于孟买的理由应该说是十分清楚了。

当时，鸦片在印度的出口中占了很大的比例。出口鸦片的港口是距鸦片原料罂粟的种植地很近的两个港口：一个是背靠恒河流域种植地带的加尔各答；另一个是拥有印度中部种植地带的孟买。两个港口绝大部分出口的目的地都是中国。由药物学者，准确地说是由鸦片药物学的权威人士来担任国立中央经济博物馆馆长，显然是因为鸦片的效益已位于经济利益的顶点。

相关贸易统计也明确地显示了这一点，如图 12 所示。鸦片战争时（准确地说，应该是英国向中国派兵前的 1839 年，林则徐等人没收、烧毁鸦片时），印度鸦片的出口骤减，此后，再以惊人的速度增加。鸦片贸易的迅速增长期，第一次是鸦片战争前的 1835—1836 年；第二次是鸦片战争后的 1843—1845 年；第三次是 1856—1858 年；第四次是 1878—1880 年，1880 年全年印度鸦片的出口位于历史的最高峰。

有这样一种广为流行的看法，认为鸦片贸易或者说鸦片问题已经随着鸦片战争（1840—1842）同时结束了。事实恰恰相反。产生这种看法的原因是自 1858 年以后，向中国经营鸦片贸易的名称改变了——"阿片"（也可以用"鸦片"等别的汉字）改名为"洋药"。从该年起，管理中国进出口的海关由外国人参与管理。中国海关行政上属于清朝政府的总理衙门，实际上最高领导者总税务司历届都是英国人（只有最后一届是美国人）。这种状态一直持续到中华人民共和国成立前夕。在英语的表达中，opium（鸦片）仍旧不变，因为没有其他更为方便的表述。在中国的词汇中则将"鸦片"改为"洋药"。鸦片是毒品,能够腐蚀人们的肉体和精神,鸦片战争也给人们留下了鲜明强烈的印象。然而通过改名为"洋药",便给人一种"进口药"的感觉了。

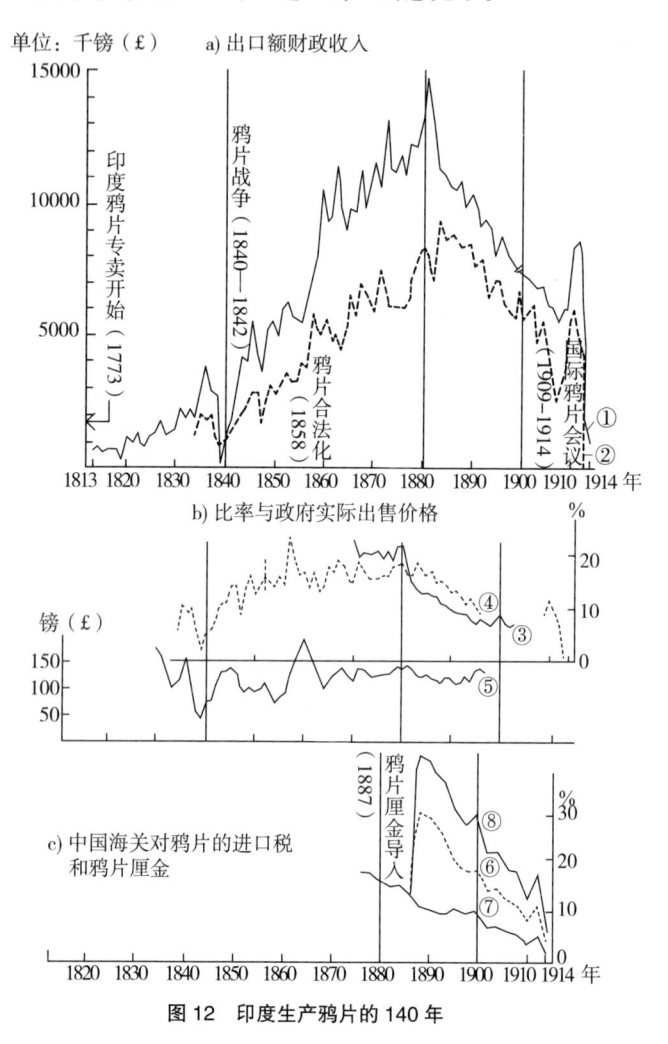

单位:千镑(£)　　a) 出口额财政收入

b) 比率与政府实际出售价格

c) 中国海关对鸦片的进口税和鸦片厘金

图12　印度生产鸦片的140年

图 12 说明：
①印度鸦片的出口金额。
②印度财政中鸦片的收入额。
③鸦片出口额占印度出口总额的比率（%）。
④鸦片收入占印度财政年度收入总额的比率（%）
⑤印度政府实际出售的每1箱价格（镑）。
⑥鸦片厘金在中国海关收入中占的比率（%）。
⑦鸦片税在中国海关收入中占的比率（%），1875年以前不明。
⑧是⑥与⑦的总计（1904年以后的③和1898年以后的⑤由于资料不足，因此不清楚）。

图 12 资料来源：
①③ 1813—1857 年，B.P.1859 Sess 2 XXIII；1858—1869 年，B.P p.，1871L；1870—1898，B.P.P.，Statement of Trade of British India（英印贸易财务报告书）的各年度。

②④⑤：1834—1854 年，H.H.Kane，1882，p.124；1856 年以后，B.P.P. Revenue of India（印度税收）的各年度。

印度的贸易年度是从4月份起至第二年的3月份，因此，1813年正式地说应指1813—1814年（以下相同）。

⑥⑦⑧ China Impreial Maritime Customs，Returns of Trade and Trade Reports，Part I 的各年度。

我们再回到印度鸦片出口量的问题上来。图12中的曲线表现的是价格。现在我们用表示重量的箱来进行计算。1箱可装入约64公斤（B.P.P.，1897，LXIII）的鸦片。按道理讲不是重量，表示箱的一定容积的单位是箱（chest），里面可装纳幼儿头颅大小的球状鸦片。用箱为单位来计算的话，1815年出口鸦片2723箱；1836年则达到31375箱，是1815年出口量的11.5倍多；鸦片战争前夕，也就是中国没收并且烧毁鸦片的1839年，印度的鸦片出口量急剧下跌，此后又有回升，而且迅速增长，大致与价格的曲线平行。1845年鸦片的出口量是1815年的14倍；1856年的鸦片的出口量是1815年的23倍；1880年的鸦片出口量最高峰时竟是1815年的38倍，为105506箱。如此急速增长的出口商品，唯鸦片而已。

图12中印度鸦片出口额的曲线与其出口量的曲线呈相似的形状变化。也就是说，单位出口价格虽然有短期的变化，但自1860年以后几乎稳定未变。其中的原因有政府（东印度公司及1857年以后的印度殖民地政府）的专卖和垄断，也有中国海关将进口鸦片合法化。稳定出口价格的关键是选择出口对象国。英国在1870年以后将鸦片出口对象确定为中国（包括香港）、海峡殖民地（特别是新加坡），价格虽然不尽相同，但已经形成稳定的出口价格。

最终究竟有多少鸦片运往中国，多少鸦片在新加坡等国消费，或者销往欧洲和美国，至今还没有查到一个准确的数字（加藤祐三，1979）。我们在这里列举的印度生产鸦片的出口量是比较准确的数字。由于走私出口的事情鲜有发生，因此根据这个数字，可以知道最大的鸦片生产国印度（以及后述的土耳其、波斯、中国国内）的供给量。关于中国海关进口方面的数量，由于在中国海关统计之外还有走私、再进口等，因此无法看到反映实际情况的准确数字。

"毫无根据的鸦片毒害论"的出现

1880年这一年是印度殖民地鸦片出口量达到顶峰的时期，其宗主国英国每时每刻都在加以报道。1880年贸易年度于1881年3月结束。在此决算期前后，报纸上虽然连篇累牍地对预测值、决算值及其意义加以报道、评论，但并没有给人留下"我们的殖民地已经取得了辉煌的出口成果"的印象。尽管鸦片出口确保了印度财政的来源，但它与棉制品及钢铁的出口量的增加是有所不同的，因为它毕竟是鸦片。英国国内以往曾经几次出现过反对鸦片出口的论点，这一年又掀起了历时几年的强有力的反对鸦片出口的运动，并且延伸到国外，导致世界舆论高涨。

前面提到的国立中央经济博物馆馆长的文章就是在这种背景下写的。这篇文章乍一看很像是在谈医学上的主张，实际上却是关系"大英帝国之宝"——印度的存亡问题。这里具有双重的意义，一是印度主要的出口商品就是鸦片，另一是殖民地印度的主要财源也是鸦片出口。在稍微复杂的关系中取得平衡，这就是印度鸦片具有的政治的、经济的作用。只要印度的鸦片能够出口到中国，那么"医学观点"便认为中国"吸服"鸦片的方式是无害的。另外还有一种服用方式，就是在欧洲、印度，特别是英国国内流行的"液体饮用"法。有关英国国内的鸦片问题,我将在第七章里谈到。国立中央经济博物馆馆长的文章既然刊登在英国报纸上,就导致英国国内出现了这样的主张:"食鸦片、饮鸦片与吸鸦片是完全不同的……靠吸食而进入体内的鸦片具有强烈的、危险的兴奋剂作用,即便如此,鸦片的危害也不会大于酒精。"

正如我在第八章里所述,反对酒精运动(即禁酒运动)是持续于整个19世纪的英国社会运动,它给政治、经济、文化各个领域都带来了极大的影响。当然,这种影响也不一定都具有积极的意义——"鸦片的毒害小于酒精"的论调就是其一。

当时英国国内讨论的主要话题是鸦片贸易论。至于鸦片对人的肉体、精神有多大的毒害的讨论,不是英国国内没有议论,只是未能形成相当程度的舆论。但是,反对鸦片的"鸦片毒害论"在国际上反响已经非常强烈。这样,英国报纸上才会刊登"医学观点",提出鸦片毒害论是毫无根据的"权威的见解"。

那么,从经济的、政治的角度进行争议的鸦片贸易论,更准确地说,对是否应该继续进行鸦片贸易的争论,是基于什么事实展开的呢?我们希望更准确地看清英国把鸦片贸易放在什么位置上。正如我反复论述的那样,鸦片贸易在亚洲三角贸易的结构中发挥了作用,第四章中也阐明了这些关系。但还剩下两个问题:第一,在印度的总出口中,鸦片出口占有什么样的位置?第二，在印度殖民地政府的财政收入中，鸦片专卖收入占有什么样的位置？

这些问题可以用图表来加以说明。前图12（第138页）③是鸦片出口在印度总出口中占的比率；④是鸦片专卖收入在印度政府财政收入中所占的比率。可以这样说，如果没有鸦片贸易，印度的贸易就不能够平衡，印度政府就不能够确保财政收入。印度的贸易不平衡，就意味着英国主导的三角贸易不平衡，就意味着英国不能够控制世界市场（特别是英镑圈内的亚洲、非洲、澳大利亚的市场）。

曲线②表示鸦片专卖的收入。由该曲线可知，该项收入承担着维持殖民地统治的重要作用，即财源的第一位是土地税，约占40%，第二位是鸦片收入，长期维持在17%左右。按顺序来讲虽然是第二位，但从对其他殖民地统治来看就可以知道，如果没有农业的迅速发展，土地税就不可能增加，稳定统治的可能性就要取决于其他收入如何。因此，绝不可忽视这个17%，以及它所起的决定性作用。据说鸦片种植面积占土地税征税对象——总耕地面积的5%（The Times，1881，11，12）。通过这种计算与图表解释就可以清楚——土地税相比，鸦片的收入具有多大的效益，可以清楚地显示鸦片收入是一项稳定可靠的财源。

三角贸易是通过三国之间的贸易使两国之间贸易的不平衡转为平衡。如前图8、图11（第122页、第126页）

所示，商品的流向是英国→印度→中国→英国（出发点从哪里开始都可以），逆时针旋转。

中国与印度的贸易关系是以印度向中国出口为基础的，而中国向印度的出口则少到可以忽略不计，因为中国出口的对象是英国。

印度对中国内地与中国香港的出口中哪些商品是主要的，在图 13 的（a）项中已经清楚地显示出来了：①鸦片的比重占压倒性多数，这一点一目了然，高峰时期占 93%。鸦片出口比率的增加是在 1840 年以后，也就是在鸦片战争以后；与此成反比，③棉花则减少了，因为中国土布的原料也在减少。

印度商品的出口对象当然不仅仅是中国，但对中国出口所占的比重极大。印度总出口中居第一位的商品是：

（1）1800—1862 年：鸦片；

（2）1863—1876 年：棉花与棉制品；

（3）1877—1879 年：鸦片；

（4）1880 年以后，棉花与棉纱。

第（2）期中跃居出口主要商品的棉花是向英国出口的。鸦片，以及在鸦片出口不顺利时的替补品——棉纱则大部分销往中国市场。

印度商品出口的主要对象是中国，中国进口商品的主要来源就是印度了。如图 13 中（b）项所示，⑤棉花、棉纱、棉布中，英国在 1884 年以前一直占有相当的比重,然而随着②印度棉纱的增长,⑤中印度棉纱的比重自然会增长。

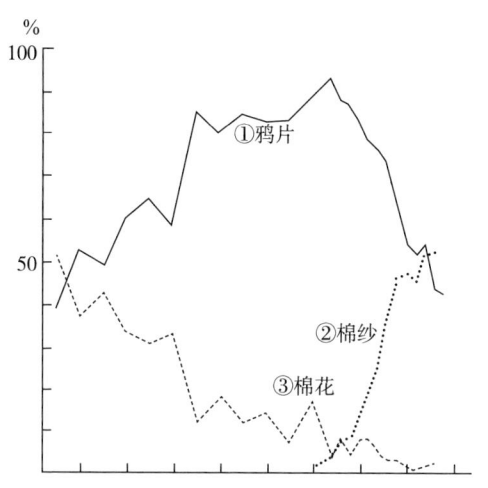

(a)印度对中国内地与中国香港出口主要商品的构成比

(b)中国进口主要商品的构成比

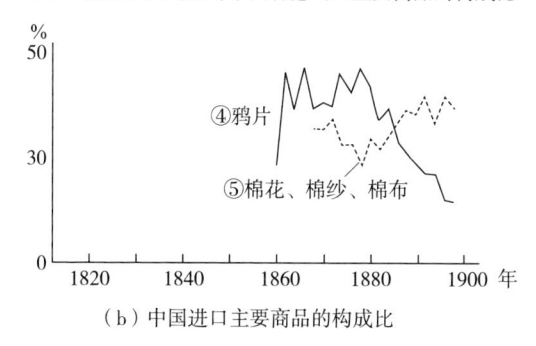

图 13

注:1815—1874 年是每隔 5 年,1876—1898 年是每隔 2 年。

资料来源:(a)B.P.P., 1859 Sess.2 XXⅢ, 1871 L, B.P.P.Statement of Trade of British India 的各年次。

(b) China Imperial Maritime Customs, Returns of Trade and Trade Reports, Part Ⅰ 的各年次。

中国先后从印度进口了鸦片、棉纱。从鸦片到棉纱的转换时期（大约在1885年）就是亚洲三角贸易开始解体的时期，也就是进入新的多国贸易的时期，其中最大的驱动力就是日本的参与。

中国海关的机构

不要产生错觉，三角贸易当事国的三方面是决不会对等的。印度是英国的直辖殖民地，中国自鸦片战争以后成为以英国为首的几个国家共同控制的半殖民地。管理中国进出口的海关最高领导者总税务司一直由英国人担任，这一点在前面已经谈到。从1862年至1907年就任总税务司的R.赫德更是认为，由于英国正处于不仅仅是对中国而且是对全世界都具有最大影响的时期，中国海关在各个方面都要发挥特别的作用（R.Hart, 1975）。值得注意的是，进出口的关税收入已经成为清朝财政中稳定可靠的一项收入，因此它可以发挥两种功能，一是作为交纳赔款的财源，二是作为对外借款的担保。战争引起的赔偿索取，成为一种国家间的合法的经济掠夺。中国自鸦片战争赔款两千一百万银圆（这是1842年清朝财政年度收入的1/3）开始，持续到第二次鸦片战争赔款一千六百万两白银（1860），甲午中日战争后赔款两亿三千万两白银（1895年，这相当于清朝4个年度的财政收入），义和团运动被镇压后赔款四亿五千万两白银（1901年，这相当于清朝7个年度的财政收入）。第一次赔款是在外国人管辖的海关正式工作以前，因此还没有对海关收入作何指令。后三次赔款，清朝明确指定将海关收入作为赔款的财源。以1853年上海洋商约十二万两的借款为开端，甲午中日战争后以国家附属为前提的各项借款，大多是以海关收入作为担保（徐义生，1962）。借款后的还款、赔款的支付，有的长达40年之久，因此利息的负担也是很重的（J.R.Baylin，1925）。

即使是在以"资本输出"为主流的1870年以后，海关对商品进出口的税收也是以此为基础的。在这些商品中，海关收入最大的仍然是鸦片。海关为了对鸦片收税，就要使鸦片进口合法化，征税意味着对走私公开的承认。1845年，在英国殖民地香港，鸦片走私已经合法化。鸦片走私合法化后，海关就可以对鸦片征税，使其税收成为海关的正式收入。

使鸦片进口"合法化"更趋完善的是第二次鸦片战争的产物——《天津条约》（1858）。第一次鸦片战争后约16年间，鸦片贸易是名副其实的"公开的走私"。《南京条约》中没有一条关于鸦片的条款，因此鸦片贸易并不是合法的贸易。这16年期间流向中国的鸦片迅速增长，如前图12（第138页）的①所示（该曲线表示印度方面的鸦片出口额，不是中国方面的进口统计）。《天津条约》则明确地使这种"公开走私"的状况合法化。

1858年11月，根据中英《天津条约》第26条规定，承认鸦片贸易为合法贸易，将鸦片改名为"洋药"，进口每担（约50公斤）要交纳进口税三十两白银。

推行这种新关税的国家是英国、美国、法国，它与外国人管理的海关同心协力开始发挥作用。实行外国人管理海关的制度，产生了鸦片贸易合法化，换句话说，这也是为了将进口鸦片的关税作为海关主要财源而采取的一种措施。鸦片是在中国进口中占第一位的重要商品，因而从经济角度来讲是理所当然的合乎逻辑的结果。这实际上是战争的结果，是对中国的强行要求。

由于实行了这种制度，鸦片贸易有所增长，但也有下降。正如前图12（第138页）中的①所示，鸦片贸易在1880年达到顶峰后即开始下降。印度政府的鸦片专卖收入也于1883年达到顶峰后开始下降。

对于英国人担任总税务司的中国海关来说，这是最大的矛盾，并且产生了如下所述的略微复杂的关系。印度鸦片向中国出口开始下降，从商品方面来看是因为1860年左右在市场上出现了中国产的鸦片（特别是云南、四川地区），而且质量好，具有竞争力（当然，还应该考虑到英国国内反对鸦片贸易的政治、外交诸因素，这里暂且不论，留待后议）。开始，英国驻华领事和中国海关竭尽全力对成为竞品的中国鸦片进行调查（新村容子，1979），但无法挽回印度鸦片的劣势。这对英国来说，一方面意味着印度殖民地的财政收入明显下降；另一方面意味着由英国人统治的中国海关的财政收入也在下降，这样，经营鸦片贸易商人的利益必然减少。

1876年，英国人在探索云南—缅甸通道时与中国发生冲突，结果签订了《芝罘协定》。英国议会推迟了对该协定的批准（坂野正高，1973），最大的问题在于对鸦片征税之事意见不一（N.A.Pelcovits，1948）。1887年，在中国海关收入中终于列入了"鸦片厘金"的项目。所谓厘金，原来是中国境内以各种形式征收的国内中转税，充当各省的收入。对鸦片特别征收厘金，虽然使中国海关的收入有所增加，但对印度的鸦片却是沉重的打击。由英国人统治的中国海关总税务司选择了增加自己负责的海关收入的方案，与此同时让中国向英国借款，为英国的资本输出积极斡旋。

如果罗列太多的数字，读者可能会感到枯燥，因此，这里只简单地提供一些数据。中国海关的收入是进出口总额的7%—9%。海关收入中，对进口鸦片征收的鸦片税所占的比率如前图12（第138页）的⑦所示，18世纪70年代为17%左右，后逐渐减少至10%左右。由此可以考虑前图12（第138页）中⑥所表示的"鸦片厘金"采用后的1887年，鸦片厘金增加到鸦片税的近一倍，1888年增加到近两倍，该年鸦片税与鸦片厘金的总和在海关收入中占39.5%。在中国海关中，自从导入了鸦片厘金后，对鸦片的依赖性就更高了。

在清朝五大税收（地丁银、漕粮、盐税、关税、厘金）中，关税与厘金所占的比例从1860年左右开始迅速上升。在关税收入中，鸦片的税收和厘金占有很高的比例，这一点不仅显示出鸦片贸易对海关收入的重要性，也显示鸦片贸易对清朝财政收入的重要性。清朝李鸿章等人对禁运鸦片之所以不明确表态，就是考虑到这种财政上的原因。

中国海关依靠进口鸦片征收税金，既填补了清政府的财政收入，又支付了战争赔款，同时还以此作为向国外借款的担保。特别是1870年以后，中国海关发挥的作用愈来愈大。这首先意味着中国进一步走向半殖民地化，其次表明中国海关名义上是清政府的一个机构，实际上却是外国凭借武力为所欲为的地方。

由上述可知，第一，鸦片贸易不仅对英国统治者极为重要，同时也是英国掌握英国—印度—中国三角贸易的关键。第二，即使在以商品进出口为中心的时代也就是向"资本输出时代"转变的时期，中国海关的收入作为担保，继续发挥着作用。也就是说，海关收入的基础是鸦片贸易，鸦片厘金的创立使海关收入增加并且稳定下来，可以作为借款的担保和支付赔款的财源。这种做法一直延续到1901年义和团运动后的赔款。

关于第一点，从英国国内对鸦片贸易赞成还是反对的讨论中可以看得更清楚一些。据我调查，在英国围绕着对鸦片贸易的赞成与反对展开过几次争论，大致可以分为以下四次：第一次是1830—1832年左右；第二次是1854—1858年左右；第三次是1876—1882年左右；第四次是1892—1895年左右；最后，作为国际问题在1909—1914年的国际鸦片问题会议上宣告结束。现在将其梗概介绍如下。

第一次讨论的观点是从道义角度出发的，认为清朝政府已经自1729年（雍正七年）、1796年（嘉庆元年）以来屡次发布禁令，禁止进口、吸用鸦片，英国政府不应再向中国出口鸦片。当时，正值东印度公司垄断了英国对中国贸易的时期（1834年后成为自由贸易），因此这一论点与批判重商主义的自由贸易论者的主张有吻合之处。

第二次讨论如前章所述。由于鸦片的出口，降低了中国的购买力，阻碍了棉制品的出口，特别是阻碍了英国兰开夏棉纺工业厂家棉制品的出口。对此，米歇尔曾经写出市场调查报告，指出中国市场已经形成稳定的土布市场，英国的棉制品很难打进中国市场。卡尔·马克思在论述中国问题时还曾经引用过这段资料。但是反对者从经济论、贸易论的角度出发，认为棉布出口的困难与鸦片并没有关系。值得注意的是，这种讨论仅限于议会之内，并没有散布到社会。

第三次讨论是以民间基督教教友派为中心的运动和以议员为中心的政治运动相结合，形成了规模相当广泛的大众运动。教友派的反对集会从英国一直举办到美国的芝加哥。持反对论的议员与保守党联合起来，与执政党（自由党）进行政策之争。这是英国两大政党名副其实地开始发挥作用时的政策之争。但是，由于鸦片的生产、输出对维持印度的殖民地必不可少，因此反对者的锋芒自然减弱，每次都是以全权交给议会的委员会进行调查的形式而告结束。

第四次讨论表现在"皇家鸦片问题委员会"听取各种意见并进行综合后写出的庞大的报告书。该报告书中看不到政治上的对立，也没有经济、贸易上明显的论争，而是举出了披着"科学的"外衣的医学上的实验例证，并且列举了在印度种植鸦片的经济利益（第六章）等方面的具体数字。也许是因为这样，或者是有意这样，报告书中看不到在印度鸦片专卖与财政收入的关系以及印度出口的贸易论。

进入1870年以后，英国的经济转变为以"资本输出"为主，由于美国、德国、法国的发展，英国已经不能以"世界工厂"自居。当时，资本输出只限于通货的货币区内，要向其他货币区输出资本极为困难。从19世纪末至第一次世界大战的约20年间，世界货币区如下（P.H.Lindert，1969；德永正二郎，1978）：亚洲、非洲、澳大利亚是绝对的英镑区；欧洲主要是法郎和马克的货币区；美元区在南美洲与北美洲。英镑在亚洲具备绝对的统治力，但它不是在全世界所有地区都有统治力。

在英镑区内的亚洲，英国经济发挥作用自1880年起（即以商品出口为中心的19世纪的亚洲三角贸易体制瓦解以后），主要有以下几点：用贸易收支的黑字填补资本收支的赤字；为了使总的国际收支平衡，英国加速向印度出口商品，以使贸易收支成为黑字。对印度来说这意味着入超，印度的国际收支赤字进一步上升。英国无论如何要确保商品的出口并使其扩大。它把印度作为本国经济的"安全阀"来使用。这是索尔研究的纲要（S.B.Saul，1960）。

在这种情况下，印度于1870年后开发出红茶（向北美、英国、澳大利亚出口）和棉纱（向中国出口）两种新的出口商品。印度红茶的问世，打击了中国的红茶出口；印度棉纱向中国出口，则大大改变了中国的土布工业。这种变化给中国历史带来了什么样的影响，我想以后另找机会进行论述。

虽然红茶和棉纱作为印度新的出口商品登台，但要让其取代鸦片却并不容易。其原因如反复论证的那样，鸦片不仅是出口商品，而且由于具备专卖权，它还支撑着印度政府的财政收入。因此，只要没有找到新的财源，鸦片专卖权就不能自动放弃。

英国国内对鸦片贸易的赞成与反对之争就是在这种世界形势中展开的，单纯的反对者很难行得通，但肯定者也不敢赤裸裸地提出经济论点。国际上反对鸦片的舆论已经初步形成，英国的主张在世界上通行的时代已经过去了。在这种情况下，肯定者不公开争辩经济利益的必要性，而是把重点放在从医学方面举例说明"鸦片无害"上。反对者在1873年开始的经济大萧条时期，主张放弃印度殖民地，不要导致更大的经济破产。

英国国内反对鸦片贸易的舆论虽然发挥很大的作用，但其力量还不足以中止印度鸦片的专卖权。要办到这件事情，需要相当长的一段时间，而且仅凭国内反对者的力量还不够，还需要国外的影响力。因此，禁止印度鸦片专卖权又推迟了30年，成为进入20世纪以后的事情。

1906年9月，清政府开始推行"新政"，作为其举措之一，是要在今后10年内消灭国内的鸦片。接受此举并首先付诸行动的是美国（B.P.P., 1908, CXXV）。美国之所以立即响应清政府的建议，可能是美中之间事前就有协议。三周以后，美国政府向以英国为首的主要有关国家提议召开国际会议，调查鸦片贸易及需求的实际情况。英国外相虽然接受了这个建议，但又声称"仅仅禁止在中国生产鸦片并没有实际的意义，在印度生产鸦片的事情则关系到印度的财政，必须与印度省商谈"（B.P.P., 1908, CXXV）。1909年，第一届国际鸦片会议在上海召开（RePort of I.C.C., 1909）。会议没有做出什么结论，而是决定把要解决的问题留到下一届在荷兰海牙召开的会议上讨论。1912年1月，在海牙签订了有关国际协定。同年，清政府灭亡，中华民国建立。美国、英国、日本、德国等12个国家在这个协定上签了字。这个协定虽然还有许多不完善的地方，但它从原则上禁止了鸦片贸易。这项国际协定的政治影响很大，如前图12（第138页）所示，鸦片的出口量迅速下降。鸦片贸易的完全中止是在1917年。若从印度开始有鸦片专卖权那时计算，到此已经有140年的历史了。

第六章
鸦片的生产

鸦片的"科学生产法"

1842年鸦片战争后,印度鸦片对中国的出口迅速增长。继1858年鸦片贸易合法后又出现了第二次进口增长期。1880年达到了高峰。印度向中国出口鸦片,但贸易又不仅限于两国之间,而是由英国向印度出口棉制品,由中国向英国出口茶叶。这种以三大商品为轴心的两国间的单向贸易将三个国家联系起来,取得了总体上的平衡,因而称为三角贸易。左右这种平衡的是英国。

对英国的殖民地印度、半殖民地中国来说,这种平衡必然以一种微妙的形式出现。对印度来说,一方面要扩大英国棉制品的进口量;另一方面要扩大对中国的鸦片出口量,以这两大商品为轴心,就能够在一定程度上取得进出口的平衡。若从数量上看没有问题,既不单纯地进口,也不偏重出口。但是,这种进口棉制品、出口鸦片的经济结构的实际意义是什么呢？

18世纪，具有控制世界市场力量的印度棉纺织手工业由于英国机制棉制品的流入而遭到了毁灭性的打击，这个转变时期是在1820年前后。此后，英国棉布的进口源源不断。印度的手工业者在破产之后，又在农村重新组织起来，在荒废的土地上种植了罂粟。盛开着美丽妖艳花朵的罂粟，在花朵凋谢后结出果实，在果实还是青色的时候，在上面划一刀取出其汁，该汁即可精制成鸦片。作为商品出口时，做成幼儿头颅般大小，色如红糖，略带黏性。在中国，有时写"阿片"，有时写"鸦片"，鸦片的"鸦"字就是从乌鸦的色彩联想出来的。

罂粟是强烈争夺地盘的植物，在荒地上也能够生长，但要在荒地尚具地力的时候，且不能连年种植。那时，农村中还没有什么作物套种、土地保养的知识，只有根据经验而来的科学，称之为土法。于是，出现了以短期利润为目的的实验科学，当然，这个先例是英国开创的。18世纪时，尚无以实验科学为主的大学和专科学校，牛津大学和剑桥大学是以神学为主，尚未涉及这个领域。因此，当时只是成立了几个"协会"，筹集资金，将一部分作为奖学金和奖金，由个人进行实验。

个人实验的结果，若得到奖金，那么不仅能够收回实验所花的费用，还能获得各种名誉。"科学家"也由此产生。

关于鸦片的实验，在早期曾有这样一个例子：

皇家工艺协会的会报创刊于1782年。会报第14卷（1796）化学栏内刊有J. 鲍尔给协会的来信。此人住在多佛的小镇，寄来了他在自己花园内种植鸦片的样品。他在信中写道：

> 我相信这是在我国境内用最完整的方式制作而成的，价格只有东方的一半，杂质也很少。若能将其中一部分用于一两个医院的实验，我将感到万分荣幸。据我掌握的情报，外国的鸦片产品中混有许多大米粉等杂物。因此，如果能够用我的产品，只需很少的量就可以收到显著的效果。
>
> 1796年8月13日

在写这封信的一年半之前，鲍尔已经给协会写过几封信了。他在1794年12月14日的信中这样写道：

> ……我寄鸦片样品的目的，首先是希望用于公正的实验。其次是想如果能够得到认可的话，为了公共的福利，请通过协会把这件事情告诉全世界。当然，我也期待着从我所深深信赖的资金雄厚的贵协会得到金钱的报酬。……鸦片每年的消费量是惊人的。据我所知，现在英国鸦片的消费量已经是15年前或20年前的20倍。我曾致信贵协会，并且介绍了我的实验，写明了希望得到多少报酬。我如果

得到不少于50畿尼（旧英国货币）的金额，就能够保证这件事情的实施。我们西洋不是也有鸦片商人，也在经营出口吗？如果我们能够既做出口商人，又做生产者，那要比土耳其占许多优势。土耳其从东方买进鸦片后再卖出去，只不过是单纯的出口商人。

在鲍尔看来，土耳其的鸦片是从东方买来的，土耳其不过是一个中间商而已。实际上土耳其也是一个鸦片生产国。在英国如果能够很好地生产鸦片，不仅可以满足英国国内的需要，英国还能够成为鸦片的出口国。他把鸦片生产的办法介绍给协会，协会就应该支付与即将获得的利益相应的金额——这就是鲍尔坦率的见解。

鲍尔提出的报酬是50畿尼。1畿尼相当于21先令，比1镑稍微多一点，因此50畿尼等于53镑，相当于当时农业劳动者大约两年的收入。如果是在伦敦，则可以购买到50公斤的鸦片。对于居住在偏远乡村的人来说，这或许已经是绞尽脑汁地思考后，有可能得到的最高的金额。

收到鲍尔的信后，协会立即通过决议，内容好像是愿意用50畿尼买下鲍尔的方案。鲍尔在复信时表示同意协会的提案，并用书面送来了自己开发罂粟种植和鸦片提取的整套方案。当时是专利盛行的年代，鲍尔通过与协会的交涉取得了相当于专利费的报酬。

鲍尔在方案中不仅记述了罂粟种植和鸦片提取的方法，还做了使用廉价童工的经济核算。关于种植用的土地，他写道，"圈地到手的丘陵南面，价格极为便宜，正适合栽种罂粟"。当时，圈地运动正在英国全国展开，把土地几乎是免费弄到手的实权者们正在谋求新的投资。过去认为不能够种植农作物的土地，现在能够种植比农作物收益更大的罂粟，这恐怕是前所未有的特大新闻。

鲍尔的方案最后是否如愿以偿我们不得而知，但无论如何，他的宣传在当时是非常富有魅力的。

鸦片增产试验

1795年是拿破仑战争的高潮期，英国谷物进口量锐减，国内农业呈现兴旺景象。通过圈地运动掌握了土地的地主，在自己经营农场时还把土地出租给农业资本家。农业资本家再雇用丧失了土地的农业劳动者。这样，农业劳动者并不是根据自己的努力来增加收入，而是按工作时间的多少来取报酬，干好干坏一个样，渐渐失去了干劲与勤奋。

怎样充分利用人力；如何引进新技术；一边调查市场情况，一边还要考虑种植什么样的农作物——这都是摆在新兴资本家面前的课题。

在这期间出现罂粟的栽培试验并不奇怪。如果是赚钱的农作物，大家都会抢着种。如前所述，18世纪末，英国对鸦片的需求量迅速增长，当时正好是英国的国策公司——东印度公司在印度生产鸦片，开始向中国出口，并于1773年实行鸦片专卖权的时期。这是在鲍尔的事情发生的20年前。

鲍尔的实验场所靠近英国的多佛海岸，是有暖流出现的温暖地带。但是罂粟适于比这里更温暖、昼间更热的地带。东印度公司开始专卖时的鸦片产于恒河流域，那里夏季的温度相当高。从地理位置上来看，英、印两国距离很遥远；从政治经济的角度来说，英、印两国的距离又很近。1757年普拉西战争以后，东印度公司的殖民区域扩张到孟加拉地区至恒河流域，并在那里开始种植罂粟。前面谈到的鲍尔的方案，没有能够在英国推广，此刻却传入孟加拉，被称为孟加拉式种植法。

在此之后，采集鸦片的工具也得到进一步地开发，这在《皇家工艺协会会报》第18卷（1800）、第37卷（1820）、第40卷（1823）上面都有记载，并且写得相当有趣。后来都是关于增加产量方法的报道，并加进了成本计算，也就是说展开了英国与印度两国鸦片生产费用比较的讨论。

孟加拉地区的鸦片检查官惠松博士（当然是英国人）在当地进行了实验，并在1820年《皇家工艺协会会报》中作介绍。扬格高度评价并采纳了惠松的有关设计后，进一步开发出无浪费采取鸦片液体的工具。惠松博士的设计是在采集鸦片液体时，用中指将可以移动的铜环挂在罂粟的果实上，然后移动被固定的双刃小刀上的移动环。这样，液体就不会飞溅，很容易把它收集到锡制容器里。扬格进一步改进了惠松的设计，使得鸦片的产量大大提高，如表6所示。

鲍尔认为每英亩可以产50磅鸦片，与实际不符，被扬格否定了。鲍尔方法的实际最高产量为22磅。真正突破每英亩产50磅鸦片的是扬格，他声称每英亩产鸦片57磅。

表6　　　　　　　　　每英亩鸦片的产量

	磅	盎司
鲍尔的最高产量	22	8
惠松博士	17	0
扬格	28	12
扬氏1818年的最高产量	57	9

鸦片在印度的生产

鸦片的生产试验毕竟只是试验，没有材料表明罂粟作为经济作物曾在英国广泛种植。英国主要进口的是土耳其的鸦片。印度产的鸦片90%以上出口到中国大陆、中国香港，及海峡殖民地（新加坡、马来西亚）。

那么，鸦片的产地印度究竟处于什么状况呢？

这里面有许多情况是不清楚的。1871年和1891年的《英国议会报告书》以及1894年皇家鸦片问题委员会的报告中虽然公开了许多事实,但没有清楚地说明印度鸦片生产的实际状况。

种植罂粟、提取鸦片能够获得多少利润,在表7中将其与小麦、甘蔗进行了比较,大概可以作为很好的说明。这是1892年的例子,过去并非一直是这样。由于有了专卖权,能够高价收买,才能够得到这样的收益,即超过小麦和甘蔗1倍甚至3倍的利益。即使扣除成本,也可获得暴利。

如果这个统计有虚假的成分,也只是过分强调了罂粟作为经济作物的收益。鸦片种植犹如印度农业的救星,如表7、表8所示。

表7　　　印度主要作物的成本与价值(1892年)

作物	成本(卢比)		价值:每1比加(约65公顷)的卢比						
			干燥地,有灌溉设备的土地			有湿度,可少灌溉的土地			
			特等地	一等地	良地	特等地	一等地	普通地	劣等地
罂粟	20	第1年	149	72	46	119	69	45	31
		第2年	225	78	43	90	60	44	31
小麦	10	第1年	57	43	33	54	37	26	21
		第2年	42	20	12	35	32	34	19
甘蔗	47	第1年	—	45	—	0	0	—	—
		第2年	—	—	—	70	58	—	—

(B.P.P., 1894 LXII)

表8　　　　　　孟加拉鸦片种植状况

	耕作人数	耕作面积（英亩）	耕作者人均耕作面积（换算成公顷）	鸦片产量（重量磅）	每英亩的鸦片产量（重量磅）
1873/1874	1149174	456068	16.1	8516602	18.7
1879/1880	1344418	562260	16.9	8123740	14.4
1884/1885	1379324	566245	16.6	10971928	19.4
1889/1890	1274587	482556	15.3	7861176	16.3
1892/1893	1195871	454156	15.4	6831338	15.0
1902/2003	1438982	582807	16.4	10227887	17.5
1906/2007	1474532	488548	15.5	7665243	13.6

注：① 1873/1874—1892/1893，B.P.P.，1894 LXI.
② 1902/2003—1906/2007，Report of I.O.C.，Part II.

罂粟耕作者的人数，自1870年起，平均约70万人在比哈尔邦管辖区内，约50万人在贝拿勒斯管辖区内（B.P.P.，1894，LXI）。每个区域的规模并不大，如表8所示，平均15公顷，可以用集约方式经营，精耕细作。

与前面提到的英国的实验方法相比，约80年后的印度的鸦片产量是多还是少呢？取平均值来看，1英亩的鸦片产量，比哈尔邦为15磅（约6.7公斤）、贝拿勒斯为18磅。中国的鸦片产量据报道为25磅（B.P.P.，1882，LXXX），远远不及英国个别实验所得的50磅（那还是在19世纪初期）。即使印度的气候适宜精耕细作，还有80年的技术改良，也没有能够超过英国鸦片生产实验产量的极限。

19世纪初期，作为鸦片生产实验来说，英国的成果是辉煌的。但是，只要看看生产费用的比较就可以明白，鸦片生产实际上并没有在英国落地生根。

鸦片生产在印度之所以可行，是因为那里气候适宜。此外，印度是英国的殖民地，英国还可以廉价地利用当地的劳动力，享有专卖权（垄断价格），出口特殊商品及三角贸易所必不可少的商品，印度殖民地政府不可缺少的财政收入……这些条件我在前面都已经论述过了，但值得注意的是，它们在表面上持的所谓正当的理由都是"自由贸易"或者"自由主义经济"，是不能够与之抗争的。

鸦片的生产与销售，不是只停留在18世纪和19世纪前半期，而是持续了整个19世纪，一直到第一次世界大战时为止。这一点从第一次世界大战前的1913年初，印度鸦片对中国出口几乎降至零也可以看出来。这期间的140年历史，是多么漫长的岁月啊！19世纪究竟是一个什么样的时代，这里面不仅仅有历史的秘密，更有启示后人的道路。

第三编

英国和亚洲

第七章
英国国内的鸦片

鸦片在英国的流行

在19世纪初期的英国,浪漫派作家吸食鸦片之事是广为人知的。早在战前,日本岩波文库就收入了德·昆西《一个英格兰鸦片吸食者的自白》的作品。浪漫派作家们将发生于地理上遥远的未知国度的事情作为创作的源泉。从18世纪后半叶到19世纪之间,对英国人来说,地理遥远、文化炯异的国家地区,有中亚细亚、印度、中国。在这段时期里,"中国兴趣"最浓的国家是英国和法国,"中国狂"式的人物大量涌现。他们将印度、中国、日本混为一谈,因为在他们原始的想象中,这三国都是物产丰饶的地方。在这些人的头脑中,正确与错误的想法并存,这也是没有办法的事情。一位名叫C.尤埃的法国画家,在一幅曼陀罗绘画的周围,又画了许多猴子和鳄鱼(A.Hayter,1968)。

著名小说家、诗人E. A.鲍和波德莱尔都吸食鸦片。

柯勒律治也有这种嗜好。"中国兴趣"的表现之一就是吸食鸦片，并且配有能够导致幻觉的工具。在我居住的利兹市附近，有一个叫哈瓦斯的村庄。每到冬季，阴冷的天空中呼啸着刺骨的寒风，似乎要把整个村庄席卷而去。整个景象恰似《呼啸山庄》中所描绘的一样。下述情况是我在走访该村时了解到的。村内曾有这样兄弟姐妹三人，大姐夏洛蒂，二姐埃米莉，姐俩中间有一位兄弟布拉文威尔。布拉文威尔立志成为一名画家，但在他去伦敦的途中，尝到了鸦片的味道，最后吸毒而死。现在，在他们家中悬挂的三姐弟的肖像画中，从右边数第二个人就是该兄弟的面孔，只是这个面孔已经被涂抹掉了，留下一片令人感到不自然的空白。

鸦片，当年究竟在英国流行到何等程度？我在利兹大学图书馆翻阅旧的书报和杂志时，脑海里突然产生了这样的疑问。我觉得异国情趣、艺术家、鸦片这三者结合在一起，无论如何会在19世纪的英国有所体现的。结果，我在翻阅《泰晤士报》中有关鸦片贸易的记载时，按"印度产的鸦片向中国输出"的线索探求后，发现了如下不可思议的报道。

1867年9月23日（星期一）的《泰晤士报》上，以《吸食鸦片》为题报道了金斯林镇的情况。

……这里一家药局每年卖出200磅（约90公斤）的固体鸦片。其他药局除了每年出售140磅

（约60公斤）的固体鸦片外，每周还要出售鸦片酒精浸泡液5至6加仑……有一位农夫来到药局购药。"您要几滴？"店主问道。"几滴？我要一盏司半（约42克）！"农夫答道。店主审视着他的脸，断定他是个"烟鬼"后，便按其需要量付了货。农夫一口气把它喝光。当天，农夫又返回店里饮用了同量的鸦片，回家时又购买了半个品脱（约284毫升）。这种习惯绝不是一天养成的，而是十几年积累而成。若要找原因，可能是由于家中贫困没有充足的食物，或是因为患疟疾、关节痛等疾病需要镇痛剂。面对这种愈演愈烈的风气，霍金斯博士指出：鸦片可以毒化血液，所以对身体有害，该地区幼儿死亡率较高就是吸食鸦片造成的恶果。看到这里气力衰竭和面色如土的人多到了令人吃惊的地步，霍金斯博士指出：长期吸食鸦片就像梅毒一样有害。为了防止今后血液的退化，必须采取措施中止这个恶习。

将鸦片制成液体出售，称为"鸦片酒精浸泡液"。把这种鸦片制成更薄更小的片剂，称为"灵丹万能药""灵丹强心剂"等，更容易销售。销售的对象不是上层社会的有钱人，而是贫苦的平民。

恩格斯也曾经指责过鸦片。他在文章中列举了1844—1845年的情况，并且引用了1843年政府委员会的证词。

这篇文章的写作时代比前面提到的《泰晤士报》的报道要早20多年,其时正值中英鸦片战争结束后。

> ……在售药过程中,最有害的药物之一就是鸦片剂,特别是用鸦片酒精剂制成的被称为"灵丹强心剂"的液体药物。操持家务的家庭妇女们,要看护自己及别人的孩子。为了使孩子听话,为了使孩子像人们想象的那样健壮,她们给孩子们服用这种液体药物。在婴儿刚刚出世时,她们便迫不及待地使用这种药物。她们并不知道连续使用这种强心剂的危害是最终将把孩子送上死路。当孩子们的身体对鸦片的作用反应不灵敏时,她们便给孩子加大鸦片剂量。当"灵丹强心剂"也没有效果时,她们便给孩子服用纯鸦片酒精浸泡液,经常是一次15滴甚至是20滴地使用。据一位验尸官在政府委员会上作证说:某药剂师自称一年内曾加工了1300磅(约590公斤)名为"灵丹强心剂"的糖饴。靠吃这些药物养起来的孩子,脸上没有光泽,身体虚弱,大多不到两岁便夭折。这种药物在英国所有大城市及工业区广为流行。

恩格斯阐述了大城市和工业区里鸦片服用者的情况。事实上远远不止于此。在广大的农村地区,诸如诺福克、剑桥、林肯等低湿地带的农业区,也都深受鸦片之害（V.Berridge，1977）。

我查阅了一下《大英百科全书》（第9版，1884年），有关英国进口鸦片一事只有4行文字，讲述印度产的鸦片向中国出口以及名称等却占了8页的篇幅。有关英国的条目是：

> 大英帝国的鸦片进口量，1861年、1871年、1881年的各年中，分别为28万磅、59万磅、79万磅。同时出口量分别为29万磅、30万磅、40万磅。

虽然关于国内鸦片的使用情况及其危险性只字未提，但鸦片的进口量和出口量总算搞清楚了。从进口量中减去出口量，就大体上可以推测出鸦片在英国国内的消费量。

我到利兹大学图书馆又查阅了议会文件（B.P.P），并且做成一览表，如表9所示。显然，百科全书的数字也是从议会文件里得来的。

首先，要给大家讲清楚的是贸易统计的分类。鸦片可分为两个项目：一为药物项，一为毒品项。前者剂量小，在医疗过程中可以光明正大地使用。后者系医生处方以外的东西，带有十足的商品性。根据1888年改定后的《药事法》，一般商店是禁止贩卖鸦片的，只有药剂师可以出售。不过，这是卖方的事情。从买方来看，只要有药局，就和以前一样能够自由购买。

表9　　　　　英国国内鸦片的消费量

（1827—1920年平均推算）

年代	重量（磅）	人口1000人左右的重量（磅）	进口处的比率（重量比%）		
			年代	土耳其	印度
1827	17000	0.708	—	—	—
1830—1834	28400	1.181	—	—	—
1835—1839	35800	1.340	—	—	—
1840—1844	39800	1.490	—	—	—
1845—1849	45200	1.652	—	—	—
1850—1854	56400	2.061	—	—	—
1855—1859	53800	1.860	—	—	—
1860—1864	91461	3.162	—	—	—
1865—1869	143685	4.564	1865	98.2	—
1870—1874	182229	5.788	1870	74.2	—
1875—1879	268593	7.699	1875	67.7	—
1880—1884	250334	7.176	1880	72.1	—
1885—1889	174650	4.628	1885	92.6	—
1890—1894	71180	1.886	1890	80.0	—
1896—1899	218844	5.279	1895	94.7	—
1900—1904	363697	8.772	1900	74.3	—
1905—1909	335202	7.413	1905	76.1	—
1910—1914	397468	8.789	1914	52.7	7.2
1915—1919	422215	9.590	1915	20.4	15.7
			1916	4.2	65.5
			1917	2.6	70.7
1920	330031	7.496	1918	0.1	88.8

注：① 1860年以后，因实际消费量已不发表（V.Berridge, 1979），故在此是按进口量与出口量的差进行的推算值。

② B.P.P., 1834 XLIX, 1837 L, 1841 XXVI, 1882 LXIV, 1884／1885 LXXV, 1889 LXXV, 1894 LXXIV, 1899 XCV, 1904 XC, 1906 CXIV, l911 LXXIX, 1914／1915 LXIV, 1921 XXXII.

③ 人口是按米切尔1962年关于英格兰、威尔士、苏格兰、爱尔兰的统计数字，只有对爱尔兰的统计年度稍有不同。

英国国内鸦片的消费量，正如上表所表现，是逐年上升的。因为每年的进口数量都有变化，所以是采取5年的平均数字来看的。同时，我也试着计算了一下每1000人口的鸦片年消费量。当然，并不是所有的国民都用鸦片，这样做只是为了考察一下英国国内的鸦片到底发展到什么程度。

那么，英国的鸦片是从哪些国家进口的呢？占压倒多数的国家是土耳其。按重量单位看，1900年，英国从国外进口鸦片，土耳其占75.3%，其次是印度，占11.6%。伊朗、法国、中国香港、美国各占百分之几。伊朗的鸦片价格最高，1英镑只能够买到2磅多，即只能够买到1000克。虽然说伊朗鸦片价格较高，但它占进口量的百分比比较小。平均起来按批发价来看，每英镑可以买到1000克的鸦片。当时，工人们的月平均工资为50英镑（B.R.Mifchell，1962）。这样，用批发价格将鸦片弄到手还是很便宜的。经过各种加工后出卖的鸦片，价格要提高许多。在英国进口总量中，鸦片的进口比例仅占0.05%，几乎等于白拿。在对以英国为中心的贸易研究中，鸦片进口问题往往得不到研究者的注意。原因之一大概就在于其价格低廉，所占比重较小吧。

酗毒者的社会问题

鸦片在英国总的进出口量是微不足道的,但它所造成的恶果却是不可忽视的。因为鸦片很容易搞到手,也就不会产生走私等犯罪问题,但在极其广泛的范围内产生了大量的酗毒者。

鸦片造成的社会问题,从前面谈到的《泰晤士报》报道的霍金斯博士强调的"鸦片亡国"的危机就可以看出来。他认为鸦片具有和梅毒一样的危害,会造成"血统退化"的危险,这种"鸦片禁止论"在社会上引起了强烈的共鸣。同时,对于英国在印度生产鸦片,加工后销往中国一事,英国国内的社会舆论也给予强烈的反对。迫于这种压力,1894年在议会内设立了皇家鸦片问题委员会,1909年—1914年召开了包括日本在内参加的国际鸦片会议。

鸦片的问题既是殖民地的问题,也是外交问题。在1909年于上海召开的国际鸦片会议上,英国提交的关于国内鸦片情况的报告,被与会者认为是胡乱凑合的杜撰品而遭到集中的指责和非难(Report of I.O.C., 1909)。的确,只要读一读该报告的正文就可以明白,议会文件中公布的统计和调查数据几乎一项也没有采用。报告的重点是在谈中国香港、印度(包括现在的缅甸)、加拿大等地的实际情况,国内情况则尽力避开不谈。国内情况在所提交的87页报告中仅占1页的篇幅,而且只是提到了1868年《药事法》指定鸦片为"毒物"一事(如前所述,当时各种名义的销售和药剂师的行为,都是处于自由状态的)。另外列举了1904—1908年英国鸦片出口的统计数字。

英国对于国内的鸦片情况始终是采取隐瞒态度的。在1894年皇家鸦片问题委员会一份厚厚的报告中,对英国的鸦片问题几乎没有涉及。会议旁听者有466名印度人和中国人,257名欧洲人,都是作为证人出席的,他们虽然叙述了许多重要的事实,却不是英国国内的鸦片情况,仅限于外国殖民地的情况。

我有幸结识了专攻社会病理学的V.贝里吉女士,她正在研究英国国内鸦片的历史情况。据她研究,英国国内鸦片酿成社会问题,是与保险有关系的。第一次世界大战时,发现士兵中有很多人已经对鸦片上瘾,于是国家开始从法律上禁止鸦片,在1920年还颁布了《毒性药物法》。

关于鸦片与保险的关系,她的见解如下(V.Berridge,1977)。

> 事情的发端可以追溯到1826年。这一年,玛尔伯爵参加了巨额保险,给艾金瓦勒生命保险公司投入了3000英镑。两年后他去世时便发生了问题。保险公司确认他死于黄疸性肝炎和水肿,并

查清他30年来一直过量饮用鸦片的事情。他的管家也证实,伯爵每天服用固体鸦片49格令(约3克)和鸦片酒精液1盎司(约28克)。保险公司就此提出诉讼,认为鸦片对伯爵的死亡有重大的影响。围绕着这个问题,1830—1832年间,两名医师进行了针锋相对的论争。最后,保险公司的观点即鸦片对死因有重大影响之说,在法律鉴定中被采纳。持这种观点的医科大学教授克里斯汀逊此后继续研究并进行临床试验,他一方面认为"在一定程度上鸦片对老年人有好处",另一方面认为对于鸦片上瘾者来说,"突然中止服用鸦片,并不会有坏的作用",并不会像世俗所说的那样"能够产生反作用"。这起诉讼判决之际,"鸦片有毒说"占了上风。但是,作为政府方面严禁鸦片,开始酝酿立法是在1916年,正式颁布法令是在1920年。

这也就是贝里吉女士论文的主要内容。鸦片有毒说虽然已经被法庭采用,但民间对鸦片仍旧是放任的,以鸦片为原料的诸如"强心剂""镇痛剂"等药物或以鸦片为原料的饮料,仍旧是大摇大摆地招摇过市。有一种观点认为,造成这种现象的原因是直至19世纪末阿司匹林问世以前,整个英国唯一的镇痛剂就是鸦片。这虽然是事物发展过程的一个方面,但我们不得不注意的是这种观点漏掉了事物发展过程中另外一个重要的方面，即鸦片久吸后的上瘾性和中毒性。

对于疼痛感，如果持续服用鸦片，同样的剂量就会失去镇痛的作用，剂量就需要逐渐增加。这样，疼痛与镇痛之间的斗争，就会转向幻觉、过量及中毒。处在这个阶段的中毒者，靠自发的意识将自己从鸦片中摆脱出来已经是不可能的了。人们愈是宽容，愈是难以下决心中止这种恶习。但是对于鸦片，当时连医师中都有很多的赞成者，可见鸦片在英国的"放任自流"。

鸦片的消费高潮

前面提到的那位强调"鸦片亡国论"的医师的声音被湮没掉了，民间反对鸦片的呼声也渐渐地听不到了。与此相对，反对酒精的禁酒运动却日渐高涨。酒精被认为是最有害的东西。赞成鸦片贸易的人声称：翻开印度患者的临床病例，上面清楚地写着"在热带地区，酒精要比鸦片有害"。

如同第五章所述，印度的鸦片具有两方面的作用：一是它在印度殖民地的财政收入中居决定性的重要地位；二是它是以英国为主导的亚洲三角贸易中不可缺少的商品。于是，鸦片无害说或鸦片有用说便在维持印度殖民地的背景下出炉了。亲自将鸦片从印度出口到中国的商人们也赞成这种观点。驻中国和日本的外交官则反对这个观点，国际舆论也是这样的，驻在其他国家的外交官和一些宗教信徒也反对此论。其实，这些论调说到底不过是对印度鸦片销往中国一事的赞成或否定，而不是对英国国内鸦片的有害与无害的赞成或否定，可以说是完全从经济利益出发的议论。

话说回来，英国国内从土耳其进口的鸦片，因其价格低廉，在英国总的进出口额中仅占0.05%。与此相比，印度殖民地的年收入中专卖鸦片所得为15%—18%。印度鸦片对中国的出口额，大体等于英国从中国进口的红茶和绸绢的总额（1880）。

我们不妨像英国人那样也从经济的角度出发，通过数字看看英国国内的鸦片问题。当然，我推算数字的出发点，与19世纪英国人推算数字的立场和目的都是完全不同的。

第一，正如前面谈到的，进口到英国的鸦片价格都很低廉。事情真的是这样吗？

如果和印度销往中国的鸦片相比较，两者都不是最后的价格，都是进口或出口的价格。英国从土耳其进口的鸦片，1870年和1915年是其最高的价格，每磅鸦片为1.45英镑。1895—1910年，鸦片进口价格较低，每磅鸦片为0.5英镑。与此相对，印度产的鸦片向中国的出口价格，鸦片战争期间（1840—1842）暴跌到每磅为0.5英镑，1850—1895年间，每磅平均价格为0.85英镑。从整体上看19世纪后半叶的平均值，印度产鸦片对华出口价格和土耳其产鸦片对英出口价格相比较,前者要高出60%—80%。也就是说英国的鸦片是廉价进口的。

考虑到中国和英国的酗毒者,其家庭收入各为多少,要做这种比较是很困难的。从整体上看,两国平民的收入差额是很大的。在英国,如果一个家庭出现了酗毒者,家庭计划支出的大部分都要被他消耗掉。以中国与此相比,就少得可怜了,家庭计划中鸦片支出比酒精的支出要少许多。

第二,要进行数量对比的是英国鸦片的消费究竟到了什么程度。

对此,要进行国际比较也是有许多困难的。最简单明了的比较如表10所示。这是19世纪末到20世纪初期间的比较。首先可以看出在19世纪末到20世纪初期,英国鸦片的消费量要多于殖民地印度和缅甸。其次可以看出到1910年时英国鸦片的消费水平是鸦片战争前中国鸦片消费水平的1倍以上。

表10　　　相当于1000人口的鸦片消费量的比较推算

单位:磅

年份	英国[①]	中国 (外国产)[②]	中国 (含国产)[③]	印度[④]
1830	1.62	3.57		
1850	2.78	14.94		
1870	5.79	20.32		
1890	6.32	17.36		

续表

年份	英国①	中国 (外国产)②	中国 (含国产)③	印度④
1906			181.45	6.35
1908			117.53	6.97
1910	8.06	15.61		

注：①是根据 V.Berridge，1979。②是据加藤祐三的计算。③和④ Report of I.O.C., Part Ⅱ。

将鸦片摄入体内的方式，在英国是以液体法为主流，这一点在前面已经谈过；在印度是把固体鸦片丸完整地吞下去，也有的地方是用液体溶化后喝下去（Report of I.O.C., 1909）；在缅甸则有使用中国式烟枪吸食鸦片的习惯；在中国占绝大多数的方式是使用烟枪。

第三，要进行数量对比的是向英国出口鸦片最大的国家土耳其的关系。

把 19 世纪后半叶到 1915 年平均起来看，英国鸦片进口量的 80% 来自土耳其。对于土耳其来讲，对英出口总额中约 8% 是鸦片。这种出口呈逐年增加的倾向，为土耳其的贸易开辟了一条新路。英国对土耳其出口中 60% 左右为棉制品。作为英国工业革命重要标志的是棉纺织工业，棉纺织品出口可以说关系到它的国家命运。土耳其能否成为英国棉制品的市场，与土耳其的购买力是密切相关的。在土耳其生产鸦片，就能够增加该国的购买力。换句话说，要使英国的棉制品市场发展有望，英国就要支持土耳其的鸦片发展。在围绕着争夺土耳其而发生的英国与俄国的克里米亚战争的关系中，不应忽视土耳其鸦片生产这个问题。

英国国内鸦片的消费，在第一次世界大战中达到了高潮。实话说，在这个问题上我曾经有过误解，并写过鸦片消费高潮是在1880年前后的文章（见《读卖新闻》1978年8月21日，晚报），在此必须纠正。我头脑中的英国印象，是造成这种错误认识的原因。对堪称近代日本之榜样的英国，我没有认识到大正时代是它鸦片需要量的高潮。

这种误解的原因，想起来是很深刻的。既成的印象，会造成两种情况：一种是偏见，即负印象的扩大；另一种就是深信不疑，即正印象的扩大。不言而喻，两者都妨碍对问题的正确理解。两者中，一旦确立起一种"神话"之后，就难以从其束缚中摆脱出来。在19世纪特别是后半叶，英国成为世界强国，这种"神话"无疑是容易被人接受的。情报都集中在英国，从中国和印度得来的情报也都集中在英国。驻中国的英国外交官大量收集情报，并送往英国。中国海关的最高负责人也是英国人，掌握情报的准确率远远高于中国当局所掌握的情报。与此相反，从英国传到中国的情报却很少。中国派往英国的首任外交官郭嵩焘于1877年1月上任，他对英国国内的社会问题能够做出多少正确的判断，实在是令人怀疑的。印度是英国的殖民地，所以印度人要得到英国的情报更难。即使有情报，也不过是对鸦片贸易的赞否之争而已，与英国国内的鸦片问题是毫不相关的。

1867年7月4日《泰晤士报》上有关于伦敦"工作房"（救济贫困者的夜宿设施，同时兼有劳动力调节机关的功能）的一则小报道，其中涉及"烟鬼"的实情。那里的管理者为了给收容的"烟鬼"们供应鸦片，从药局购买了相当数量的固体鸦片。这则新闻报道后面，引用了"工作房"管理者的一段话："决不能将这里使用大量鸦片一事告诉中国人，否则鸦片将涨价。"

第八章
酒馆与禁酒运动的产物——娱乐

乡村的酒馆和城市的酒馆

英国的5月,是清新秀美的日子。冬季愈冷,春季的到来就愈受欢迎。无论在哪里,这种想法大概都会有的。在日本,3月是春天降临的日子,尽管英国的日历上也是如此,但要等到5月份才能够真正体会到盎然的春意。继之而来的并不是梅雨和酷暑的盛夏,而是一直持续到秋天的温馨。白昼稍长后,人们便会想到户外去沐浴日光。虽然说在城市的公园里也可以享受到日光浴,但此刻更容易让人情不自禁地产生旅游的愿望。

我在英国期间,有位朋友也要从东京经联邦德国到英国来访。从法兰克福经巴黎到伦敦不足700公里,相当于从东京到广岛的距离。要他把抵达时间告诉我,我准备到伦敦的维多利亚车站接他。因为英国香烟价格较贵,我本想托这位朋友在免税店为我买10包烟,结果我忘记了,这是我最大的失误。朋友的失误是他忘了计算英国和法国之间的一个小时的时间差,结果让我在车站白等了一个小时。

我们商定这次到南英格兰去转转。1820—1830年间,具有强烈个性、体魄健壮的W.科贝特曾经骑着骏马在那里进行了长途旅行,并对腐败的议会进行了猛烈地抨击。他写下的日记,曾经点燃了人们心中新时代改革的火种。现代的我们,虽然不能够骑马前行,坐着汽车总还是可以去的。我们这次旅行的大体路线是:从伦敦南下到布莱顿,再西行到朴次茅斯、南安普顿,从那里北上,经牛津回伦敦。

朋友对这次旅行兴趣极浓,并要求沿途做到"放开肚皮喝啤酒"。那天,我们在参观了伦敦市容,并在中华街吃罢晚餐后出发。到布莱顿的距离出乎意料的远,深夜11点钟才到住地。第二天,我们早早地起了床,悠闲地逛起来。高速公路旁边写有"M"的字样,干线公路的旁边写有"A"的字样,乡村公路旁边则写有"B"的字样。在"A"或"B"的后面还有数字,数位是按一位、两位、三位地增长,但序列是在降低。我们选择了B2141这条连接乡村的道路。汽车行驶在弯弯曲曲的公路上,道路沿途交叉口所见的高大建筑物几乎都是酒馆。以往贵族地主的豪宅大院都是与公路相联的,今天如果是亲临其境,就无法看到。

我们决定下车去看看民宅。斜阳降落,天色暗淡下来。很快,我们看见一面幌子,上面写着"Harrow

Inn",还有图画,这就是所谓的乡村酒馆。如果自古就生活在这里,去伦敦大概会很方便。Inn 的本义是小旅馆,在一楼可以饮酒,二三楼可以睡觉。Harrow 的原义是耙,就是使耕地表面变得松软时使用的农具,用牛或马牵引。这面幌子充满浓郁的乡土气息。

傍晚 5 点过后,顾客们便三三两两地聚集到店里。这里的啤酒比日本啤酒的颜色要浓,有些像红茶。客人们可以坐在椅子上喝酒,也可以站在柜台前喝酒。今天到来的客人都想找被太阳照射过的椅子,院内的苹果树下排列着长椅。现在正值春花怒放的季节,花瓣纷纷扬扬飘落到啤酒杯里,一同饮下去,快感顿生,其乐陶陶。

在城市的酒馆里,就没有如此轻松的气氛。如果一个人要和坐在远处的对方讲话,就需要有人一个接一个地高声传过去,否则就无法听到。这种声调汇合在一起虽然犹如一曲喧嚣的大合唱,但还是令人愉快的。平时习惯于低声细语讲话的大学教师,此刻在酒馆里声音也大了起来。

说到大学里的酒馆,可能会让人吃惊。这种酒馆大多设在校园内或图书馆和研究室等建筑物入口处的一个房间里。把我作为客座教授请来的伦敦大学亚非学院的酒馆就是这样设置的。从入口处进入后,左侧的房间就是酒馆,起初我还以为是进错了楼呢。这个酒馆由学生来管理,从白昼到夜晚,都有教师和学生在此高谈阔论。

酒精中毒和禁酒运动

19世纪,在工业革命急剧发展的大城市中,情况也有很大的差异的。

>……特别是在发工资的日子,工作结束的时间比平时略微要早些。星期六的晚上,工人们从他们的贫民窟走上街头,其中不乏喝得烂醉的"酒鬼"。这天晚上如果走在曼彻斯特大街上,就可以看见大批衣衫不整的人,以及摔倒在阴沟内睡觉的"醉鬼"。星期天的晚上,同样的情景还会重演,但骚乱的程度要比星期六轻一些。另外,由于钱少了,人们便到各个城市去寻找当铺。当时,仅在曼彻斯特就有60多家当铺。

恩格斯作了以上的叙述。这是该书出版前1844—1845年曼彻斯特的情形。他还写道:"所有年龄的男男女女,从孩子一直到胳膊里抱着婴儿的母亲,都在酒店里和资产阶级堕落政治的牺牲品,也就是小偷、骗子、妓女们混在一起。"所饮用的酒中,以价格便宜而度数又高的金酒为主。当星期六或星期天工资发到手时,他们便一齐涌向酒馆。只要手中有钱,他们就会喝个通宵。1864年,政府颁布了"酒馆开店时间令",自此,黎明

（1—4点）闭店就成了一项铁律（B.Harrison，1975）。规定星期天下午为闭店时间的法令是1839年颁布的，这和日本明治维新后1874年颁布的法令内容大致相同。也就是说，当时的酒馆，一天只闭店几个小时，其余的20多个小时全都营业。现在的酒馆，一般是午间3个小时，傍晚后5个小时为营业时间。这是最近才形成的事情。

"酒精中毒"这一英语词汇是在1869年左右出现的。过去人们认为酒精中毒是道德的堕落和犯罪，此时则认为酒精中毒只是一种疾病。该词的产生与酒精中毒患者日益增多的社会现象有关，一场轰轰烈烈的禁酒运动也迅速开展起来。但是，这场禁酒运动不仅是一场以禁酒为目的的运动，也是一场伟大的政治运动和思想运动。

发生在19世纪英国史上的这场禁酒运动，是与围绕着初等教育的讨论、宗教和政治的关系、工人运动和两大政党问题、新的娱乐场所和公共设施诞生的关系等，特别是与英国国内的变动有着极其深刻的关系。这场禁酒运动，还与繁荣的维多利亚时期曾经取消禁酒运

动一事有着深刻的关系。

此外,如果越过英国维多利亚中期这段历史,看看世界其他国家面临的问题,除了如第三章所述上下水道及公害问题外,还有公园和公共图书馆的出现、旅行和近代体育运动的诞生等相关的问题。依靠战争、贸易和工业而席卷全球的英国,到19世纪后半期,也开始面临各种国内问题。这些问题给当时的世界以很大的影响。说到底,英国是在这个时候才开始遇到近代问题的。

酒馆之间的相互扶助

当时的英国社会已经到了被"酒精淹没"的程度。这一方面与提供酒精的造酒业的发展分不开(P.Mathias,1959),另一方面与酒精消费场所即酒馆的发展也是分不开的。

恩格斯在曼彻斯特所目睹的烂醉如泥的工人,就反映了当时社会的真实情况。如果恩格斯作进一步的观察就会发现,这些喝得烂醉如泥的工人即使回到家中,也只有大约10平方米大小的空间,而且还要住上5个人或是两个家庭。生活在这样恶劣的环境里(恩格斯也有论述),对他们来说,酒馆算是大的空间,那里是他们唯一的社交场所。照此线索探寻下去就不难发现,正是在酒馆里萌发了微小的工人互助组织。这些几乎是被赤身裸体置于城市的工人、市民,正是在酒馆里建立了与以往旧式农村地域性关系完全不同的一种新型横向的连带关系。

英语中"酒馆"（Pub）一词是"public house"（公共房）的缩略形式。但是，挂有写着"酒馆"幌子的店铺却一个都没有，酒馆门口大都写着"inn""tavern"。据说，按照行政税收制分类，酒馆可以分为五个类别（B.Harrison，1975）。

第一类"inn"，这是提供住宿和酒的地方。第二类"tavern"，这是向没有预约的顾客提供饭菜和酒的地方。第三类"alehouse"，这种店仅供应啤酒，不供应烈性酒。第四类"ginshop"，这是可以喝到烈性酒的地方。第五类"beerhouse"，这是与第三类中的顾客种类相似，按照1830年颁布的啤酒法设立的，不受行政厅统管，只要交纳消费税就可以自由贩卖的地方。第一、二类是可以乘自己马车来的有钱的地主贵族或是能够坐上公共马车的顾客的天地。第三、四、五类中，穷人也可以出入。这种差别意识直到19世纪才表现出来，在此之前则不明显。现在英国采用第一、二类命名的酒馆较多，这实际上是出于宣传上的需要，要表明自己的店是有来历的。

如图14所示，当时的英国，酒馆与咖啡店并立，成为众人云集的场所。咖啡店是商人和有产阶级经常使用的场所，酒馆则是工人们经常聚集的地方。在1860年以后，酒馆还起着工人俱乐部集会处的功能。担任过财政大臣和下院议长的自由党人 W. 哈科特曾经指出："英国历史上的许多内容，是由下院和酒馆构成的。"

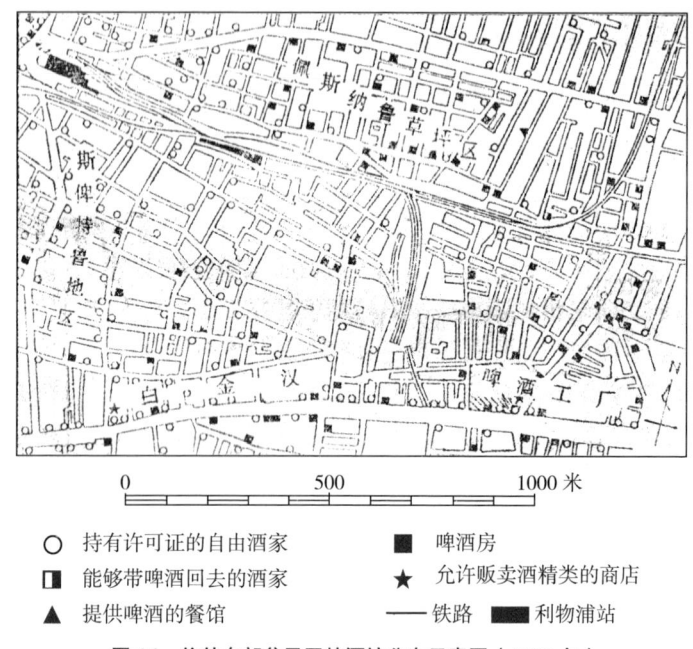

○ 持有许可证的自由酒家　　■ 啤酒房
▯ 能够带啤酒回去的酒家　　★ 允许贩卖酒精类的商店
▲ 提供啤酒的餐馆　　——— 铁路　■ 利物浦站

图 14　伦敦东部贫民区的酒馆分布示意图（1899 年）

伦敦通信者协会是 1791 年在伦敦艾克斯大街一个叫贝尔的酒馆中创建的；全国工人联合会的建立，也是以在一个叫阿吉尔·阿姆兹的酒馆中以木匠集会为开端的。除酒馆外能够举行集会的场所是歌剧院，但这是上流阶级才能够使用的场所。政府也因为握有对酒馆经营的许可权，所以能够恐吓在 1839 年向查梯斯特（Chartist，人民宪章运动者）集会提供场所的几家酒馆的老板。因此，自此以后，能否聚集在酒馆的问题逐渐演变为能否在酒馆里举行集会的问题。改革联盟执行委员会中原查梯斯特成员J. B.雷诺特别强调了在酒馆里举行集会的事情（H.J.Dyos，1973）。

伦敦工人协会也是成立于斯特朗街中"克拉斯文和安克"的酒馆里。据R.欧文说："偏见与迷信，以及完全错误的宗教，在伦敦酒店的大房间里受到彻底的抨击。"全国政治联盟和军人集会也定期使用这家酒馆。对此，还有人写过饶有趣味的论文。

当时，酒馆不仅是作为各种组织的集会场所被利用，在产业革命发展使各地人口急剧增长的时期，在满足人们日常生活需要方面，酒馆也起了重大作用。我们从日常婚丧生活中举个有关"丧"的例子来说明。

在人生的道路上，人们在某种意义上比较看重自己死后的事情。这并不是人们对死抱有什么特殊的意识，而是因为在葬礼时需要一笔经费。在18世纪向19世纪过渡的英国，葬礼经费最低要30英镑，高时则需要120英镑－150英镑。如果是贵族的葬礼，那所需费用就远远不止这个数字了。30英镑，是一个平民一年的收入。从毫无富余的收入中进行积蓄是非常困难的事情，甚至可以说是不可能的事情。从地域束缚中解放出来进入城市的人们，已经不可能和村民们一起进行积蓄了。他们只能够到他们唯一的社交场所——酒馆中，与老板商量，每周到他那里积蓄一定数量的钱。如果大家都有这种愿望，也都这样做，那么人们在需要经费时就可以筹集到资金。这是一种共同积蓄的办法。

这样，酒馆就不仅是人们消除一天的疲劳，恢复精神的场所，也是人们解决死和葬礼这一"永恒课题"的场所。

教会的牧师们，虽然主持葬礼，参加日常的宗教活动，却对人们为葬礼而积攒金钱的苦恼视而不见。因此，比起教会来，酒馆老板那里倒对解决人们日常生活的不安起了很大的作用。在许多同乡伙伴为工厂雇用后，从事运输的人就按运输行业相结合，搞车床的人就按车床行业相结合，也可以与同一行业的其他工厂的人相结合。工人不属于工厂或公司，而是属于职业工种，所以，出卖劳动力，也就变成了出卖职业劳动力，这是和在哪家公司上班没有关系的。这种劳动组织的建立，也有职业上排他保护性的兄弟会式的思想因素，是以同伴之间互相帮助为中心的。不久，它便离开酒馆，成为独立的组织（Ph.J.H.Gosden，1968）。

这样看来，英国的酒馆在历史上起过积极的作用。但是，它造成了无数"酒鬼"和酒精中毒者也是事实。其原因一方面是造酒业的需要，酒卖得越多行业越兴隆；另一方面政府财政也因为酒税的增加而好转。从图15中可以看出来，整个19世纪，政府财政收入有30%为酒税，1879—1880年实际达到43.3%，进入20世纪后这个比率才下降。靠着造就了大批"酒鬼"和酒精中毒者，政府的财政收入才得以保证，这种说法恐怕是不算过分的。

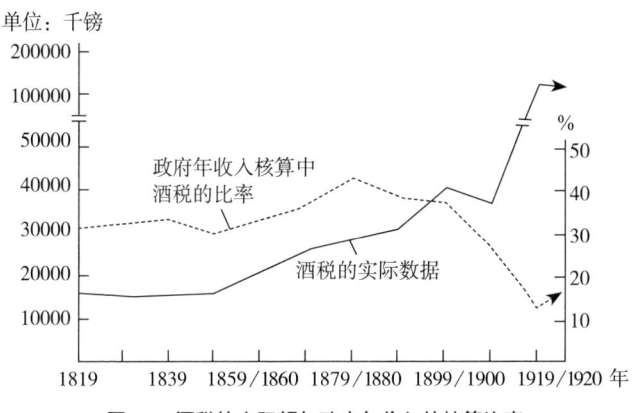

单位：千镑

图 15　酒税的实际额与政府年收入的核算比率

资料来源：B.Harrison，1975，p.346 制成

那么，当时酒的消费量究竟为多少呢？在高峰期的1876年，从一个人的年间平均值来看，啤酒为155升，其他度数较强的酒类（酒精）约7升。大约占人口56%的人饮用不同种类的酒（A.E.Dingle，1972）。除了15岁以下的人，实际的酒消费量每人每年为370升啤酒，12升酒精。如果单按啤酒来计算的话，是现在英国啤酒消费量的5成以上；如果加上酒精就达到3倍以上。在这段时期，家庭开支中酒类的支出占15%（A.E.Dingle，1972）。在恩格尔系数为80%的时代，家庭中酒类开支要占15%，情况是非常严重的。

娱乐活动的诞生

基于上述情况，英国国内开展了各种形式的禁酒运动。这既是政治运动，又是宗教运动，同时也是社会改革运动。这段历史是非常复杂的，由于篇幅的原因，不能过多叙述。值得指出的是，在这场禁酒运动中，产生了许多我们今天非常熟悉的事物。虽然不能够说它就是禁酒运动的结果，却可以说是有很多关联。代替饮酒的消遣场所，首先需要相应的空间。如前所述，酒馆是当时唯一的集会场所，是唯一能够把人从恶劣的日常居住条件中解放出来的空间。除了酒馆，空间广阔的就算是公园了。明治时代的日本人虽然创造出"公园"这一确切的译词，但顾名思义认为这还是一个与酒馆一样，谁都可以进入的空间，也不过是一个公共花园。圈地运动扩大了土地私有权，从土地上被赶出来的大部分人，失去了在这块土地上自由行走的空间。将这些被圈占起来的土地开放为公园的过程是非常缓慢的，1833—1835年为开始期，伦敦附近普莱斯顿的一块土地被开放为公园，1846年，在产业革命城市曼彻斯特诞生了皮尔公园。继此之后，伦敦又开设了希尔公园（1842）、维多利亚公园（1849）。北英格兰布拉德福的第一个公园是 T. 索尔特先生赠送的，哈利法克斯的人民公园是 F. 克洛兹里先生赠送的。这两位先生都是禁酒论的倡导者

(B.Harrison,1975)。

谈到公园,人们常常有一种错觉,以为公园是古已有之。实际上各城市开始建造公园,是起于19世纪后半叶。有的是因为有人赠送土地而建,大多数是买下土地后建设的。酒馆的老板们曾经抱怨公园的出现使他们的销售额减少了(B.P.P.,1854,XIV),但他们也没有进行有组织地反对。根据1845年颁布的法律,公共图书馆的建立也成为可能。1850年颁布的法令规定,如果交纳地方税的人中有2/3赞成建立图书馆,即可以以地方税为财源建立图书馆。但是,对于这项法令,各地给予强烈反对,因此图书馆的建立就拖到很久以后。

公园和图书馆的出现,为人们提供了一个新的活动空间。到19世纪中期又出现了一个新的倾向,就是根据个人爱好创建新的娱乐活动。举例来说,首先是旅游,其次是近代体育运动,另外还有酒馆服务中常搞的"音乐伴奏"等。在新的娱乐活动中,旅游和体育堪称是交相辉映的双璧。

至今仍然有名的托马斯·库克旅行社的创始人就是

一位坚决的禁酒主义者。他在1841年筹备禁酒主义者小型旅游活动时得到启发，创立了旅行社，以后便以此为业。不过，谈到组织禁酒的人们进行消遣性的旅游，他并不是第一个人。早在1840年9月，利兹禁酒协会就主办过这样的活动。那年，从利兹到塞尔维的铁路铺设完毕，构成了从北海的港口赫尔经利兹到曼彻斯特、利物浦的横断交通线，和已经完成的伦敦南北铁路又形成十字交叉（J.Mayhall，1865）。为了纪念这项工程，禁酒者们搞了旅游活动。也可以这样说，旅游活动是伴随着禁酒运动和铁路铺设而产生的。另外，著名的《穆雷旅行手册》也是于1836年初版发行的。

当时的人们常说："由于行走地方的交换，思想和感觉也在变化。"19世纪的人们更是强调铁路带来了"世界观"的变化，这也成为当时文学的题材（R.D.Altick，1974；小池滋，1979）。与以往在酒馆里只有男人可以享受到的乐趣相比，乘火车能够使男女（特别是夫妇）共同享受到旅游的快乐。

同时，自古以来的节礼日的活动也渐渐地销声匿迹了。不仅节礼日活动取消了，过度捕猎动物的事情也消失了。使用猎犬捕熊、捕野牛，已经成为人们反对的事情。对于贵族来说，狩猎是他们本能的不可缺少的活动，猎犬又是他们所必要的工具。在节礼日，他们必然要显示出这种本能，所以捕熊成为一项保留节目。对此事的批判，意味着对贵族生活兴趣的批判，也意味着狗从捕猎工具转化为人们的玩物。1824年,在英国成立了禁止虐待动物协会。1833—1835年间通过的法律中有禁止捕熊的条款(E.L.Woodward,1938)。这样,留在人们身旁的动物只有猫和狗了。英国人溺爱狗的习惯,就是起源于19世纪前半期。

由于动物与人类的关系发生了变化,因此人们对使用动物的比赛方式也发生了变化。以往,人们是乘着自己的马来奔跑竞赛;此刻,人们已经把赛马转变为观览、赌博的对象。虽然说德比和奥克斯的赛马自18世纪后半期就开始了,但真正活跃起来还是在漫长的英法战争结束的1815年以后,在古德伍德进行定期的比赛,各地也可以赛马了。1807年设立的每年赛马"金奖",更是引起人们强烈的兴趣,1845—1853年间,俄国沙皇赠杯一个,故当时称为"皇帝杯"。(E.L.Woodward,1938)。

近代体育也是在这种背景下出现的。早在1815年就已经成为英国国技的板球,到19世纪后半期还处于没有竞技规则的状态。这时,公共学校的教练呼吁确定比赛规则,统一训练方法。所谓公共学校,原义是贵族以外的子女也可以进入的中学,实际上是新兴资产阶级的子弟才能够入学,一般平民的子弟是可望而不可即的。它不是公立学校,入学者要交纳学费和住宿费,而普通工人的收入是不可能负担得起的。把板球作为近代体育比赛项目而定下规则,也使它成为上流社会的垄断活动。从此以后,打板球是上流社会的事,看板球倒是自由的。带有公平意义的体育比赛，是以后产生的事情。"It isn't cricket"（这不是板球）这句话在1900年才出现（O.E.D.），它有"卑鄙""肮脏"之意，而板球实际上是以"好看""公平"为前提的。

现代社会中颇受人们欢迎的足球，也是起源于19世纪后半期。使用脚踢的体育运动有足球、橄榄球和英式橄榄球，但日本人只知道前两者和美式足球。1863年，在英国建立了足球协会。在此之前，足球并不是在宽阔的场地进行的体育活动，而是在胡同小巷内玩耍的，还是"圣灰星期三"的表演节目。规则当然不是全国通用，而是具有浓厚地方色彩的（E.L.Woodward，1938）。那时，还没有足球场地，与其说足球是体育运动，倒不如说是小游戏，足球就是这样玩起来的。

随着城市化的发展，健壮的体魄成为人们共同的追求，在学校也会因此受到奖励。于是，足球开始有了场地，足球比赛也多了起来。这一时期橄榄球特别受到公共学校学生们的欢迎，并从中分化出了英式橄榄球。

1871年，正值日本明治维新3年以后、在英国鸦片患者和酒精中毒者急剧增加之际，在伦敦举办了英国杯足球赛，观众云集，实在是前所未有。自此，优秀选手聚集的球队受到人们的青睐，出现了以足球为业的人。当然，大部分人并不踢足球，只是在观赏中享受乐趣。与此同时，把足球比赛作为赌博的事情也流行起来。

第九章
英国和亚洲

日本的鸦片问题

从19世纪到20世纪,鸦片在英国、中国、美国(1870年以后)、印度等国家流行,并成为社会问题。但是,这样的社会问题却没有在日本出现。为什么会如此呢?我想简单地使用国民性这样概念性的解释,并不能说明问题。如果看看当时的历史背景,即日本幕府末期是怎样对外开放的,应当有助于对这个问题的理解。

为什么日本没有遭受过鸦片的危害呢?后来还站在给人类带来危害者的一方,这是为什么?要思考这个问题,就必须追溯到日本对外开放以前,日本人是怎样看待中国鸦片战争问题的。鸦片是中英鸦片战争中中国失败的重要原因,这个思想贯穿于魏源《海国图志》的全书,并且给幕府末期的志士们以强烈的印象,唤醒了他们的危机意识(大塚历史学会,1967)。

1854年3月《日美和亲条约》的签订,是日本开国的标志。此后,如众所周知的那样,日英于1854年10月、日俄于1855年2月、日荷于1856年1月,纷纷签订了条约。在这些列强当中,美国掌握着主动权。1857年6月,为了补充《日美和亲条约》,又签订了《日美条约》(即《日美约定》)。1858年7月,又签订了《日美友好通商条约》。

在日本对外开放过程中,美国之所以能够掌握主动权,是因为英国对日本的准备不足。继1856年英俄之间围绕着争夺土耳其的克里米亚战争结束以后,英国又把全部精力放在印度和中国这两个大国身上。1856年10月,由于亚罗号事件爆发了第二次鸦片战争。1858年签订的中英《天津条约》,则使英国获得了鸦片输出的合法权。1857年印度爆发了民族大起义,英国在平息了这场起义后,开始直接统治印度政府。可以这样说,从整体上看,英国一直比较重视对印度和中国的统治,日本在英国眼中则不具有这样的价值。

美国和英国在对外方针上既有对立的一面,也有协作的一面。英美之间围绕着海上运输的竞争,在以什么作为主要贸易商品的问题上是相互对立的。美国已经不可能像英国那样在印度生产鸦片,把它作为对中国输出商品的基地,而且鸦片在美国国内的流行也不甚猖獗。因此,美国与鸦片之间的利害关系较少,不能期待靠输出鸦片来获得利润。但是,美国当时手中又没有能够取代鸦片并吸引各国顾客的名牌商品。

恰好在这个时期，准确地说是在1858年7月，在为缔结《日美友好通商条约》的筹备期间，日本幕府和美国总领事哈里斯之间就鸦片问题的处理方法进行了讨论（《幕末外国关系文书》之十八）。在1857年晚些的时候（安政四年十月），老中堀田正睦和哈里斯作了一次交谈。话题是从"美国在东方没有占领国"，也就是没有殖民地说起的。这实际上意味着对英国和俄国外交政策的不满和批判。

接着领土问题后谈的话题是鸦片。这部分谈话内容如果译成现代语言的话，就是下面的意思。

——美国总统为了日本，对鸦片的重视要超过对战争的重视。

——战争的负担，随着时间的推移，能够找到补偿的办法。如果日积月累地吸食鸦片，其损失是无法挽回的。

——美国总统对鸦片贸易表示特别的关注。

——美国总统表示，《日美条约》缔结之际，就意味着禁止鸦片原则的确立。

——如果美国人携带鸦片来日本，日本官员可以把它烧毁，也可以采取别的方法处理。对此，美国没有异议。

——如果美国人携带鸦片来日本，并使鸦片得以流行的话，日本可以将其鸦片没收并烧毁，然后进行罚款。

……

——日美之间确立的禁止鸦片的原则，日后英国若想进行修改是不允许的。

这次谈话，自然是外交上的一次交涉，不用完全相信。有人曾经指出，哈里斯本人就吸食鸦片（二反长半，1977）。但是，作为美国对日本的外交方针来讲，它的确没有在日本将鸦片解禁的想法。这正是美国的进步之处，至于理由，或许还有进一步研究的必要。

在此大约半年后的1858年7月，日美双方又签订了《日美友好通商条约》。其中第四条写道："严禁输入鸦片。如果美国商船持有3斤以上的鸦片，其超量的部分由日本官员没收。"

3斤约合2公斤。如果作为个人所有的话，那数量是相当多的。如果作为买卖的话，那实在算不上是什么分量。这与1858年英国向中国输出印度产的390万公斤（约4000吨）鸦片的数量相比，简直是天壤之别。1866年（庆应二年），英、法、美、荷之间签订改税条约，规定自此完全禁止鸦片的输出。

这样，鸦片就没有能够流入日本。日本从锁国到开国的转变时期，由于有上述两个幸运，才没有陷入鸦片这个祸害的圈子。日本不是和经印度向东而来的英国签订条约，而是和经太平洋自西而来的美国签订了条约，阻止了鸦片的流入，并且得到了国际上的承认。1858年，正是英国向中国输出鸦片获得"合法化"的一年，此时尽管日本提出要抵制鸦片的流入，但如果各国列强一致强行要求的话，阻止鸦片流入肯定是不可能实现的。

那么，就没有冲破禁令带进日本的鸦片吗？好像还是有的。在横滨发行的《啊·日本·丑角》杂志于1878年（明治十一年）3月号上刊登了一幅漫画。其题目是"在班迪哥船长利剑的武装下，胆大包天的走私商踏上野蛮人国家的土地"。画面右侧能够看见的船并非帆船。船的左侧放着巴特那产的鸦片，船的右侧写着马拉威鸦片，并且附有这样的说明："如果需要就和法律没有关系。"（为了大利益只好牺牲小利益）武装商人右手拿着剑，左手举着旗，旗子上面写道："万岁，人民的法律是至高无上的！"跪在那商人脚下，向鸦片船到来方向祈祷的日本男人们则高喊着"救救我们"，这大概就是那些鸦片吸食者。画面左侧还有一个日本女子拿着木剑在反抗，到底是什么意思我也没有搞清楚。

这幅画是否是以某些事实为素材的"政治漫画"？这幅画的编者、发行人的意图是什么？我到现在也没有搞清楚。俗话说"无风不起浪"，1879年（明治十二年）2月7日英国《泰晤士报》上出现了以"鸦片正输入日本"为题的报道，将驻日公使H.柏克斯的报告在英国议会上列入议题披露于社会，并且刊登了以西弗茨波里公爵为首的英国反对鸦片协会（Anti-Opium Society）的成员给英国外务大臣的信。正如第五章所叙述的那样，此时的英国兴起了反对鸦片贸易运动。因此，向日本偷运鸦片一事才会受到领事裁判,并由驻日公使打报告给议会,而且被报纸加以报道。如果没有这场运动,报纸肯定不会报道此事的。英国商人向日本偷运鸦片,受到了来自本国的领事裁判,显然是由前面提到的条约造成的。从这里可以看出,由于有英国国内反对鸦片的政治运动和禁止鸦片的《日英条约》,日本才能够阻止鸦片的流入。

时代的考察

日本有幸使自己免受了鸦片之害,其他一些国家却未能免受其难。1757年的印度,在普拉西战争中败给了英国东印度公司的军队,从孟加拉地区到恒河流域的大片土地被侵夺,这些土地自此成为鸦片生产的地域。正如第四章所叙述的那样,鸦片专卖权始于1773年,一直持续到140年后的第一次世界大战期间。印度完全从英国殖民地摆脱出来,几乎是经历了180年的时间,一直到第二次世界大战后才实现。

中国没有成为鸦片的产地,却成了鸦片的消费市场。18世纪末,印度产的鸦片大量流入,使中国社会产生了巨大的变化。鸦片是侵蚀人类身心的毒物,作为一种非生产性的商品,它还会使经济发生不平衡的情况,这是中国禁烟派的理论根据。也就是说,由于鸦片流入中国,使得大量白银便流入英国。因此,贸易和纳税使用的白银和国内买卖所使用的铜钱的比率就疯狂地上涨，即所谓"银贵钱贱"的现象。老百姓平时收入的是铜钱，其中一部分要兑换成白银作为税金交给国家。白银和铜钱的比率变化后，同样是一两白银，换成铜钱却是以往的1—2倍。18世纪末，一两白银相当于铜钱700文；到鸦片战争前就已超过1500文（《中国近代简史》，1975）；1819年上涨到2300文（《上海外贸史话》，1976）。税金的来源主要是土地税。没有耕地的农民可以不直接纳税，但他们并不是与税金无关。农民靠向地主租赁土地或者被地主家雇用而生活。地主绝不会负担增额的税金，而是靠提高农民的耕作费来进行补偿。这样，增加的负担全部转嫁到农民的身上，社会必然会动荡不安。

中国国民经济的这种变化和急速的贫困化，是林则徐等禁烟派主张实行没收鸦片这种强硬政策的一个根据。对此，英国派兵发动了战争。在各地的游击战中，中国方面取得了许多胜利，但清政府的正规军不战而退，再加上清朝上层官僚的败北主义和盲目自大的排外主义，导致了中国在鸦片战争中的失败。中国在鸦片战争中的失败，其政治上的失败远超过军事上的失败。这场战争使中国的经济产生了退化的趋势，导致了全面的贫困。中国的近代社会，就是指这次鸦片战争后开始的半殖民地半封建社会。如果从经济上看，生产力没有得到应有的发展，国家急速走向贫困。这并不是耸人听闻，近代中国国门的打开就意味着这些。

在日本，既没有发生士兵吸食鸦片从而使军队丧失战斗力的事情，也没有发生由于吸食鸦片而致全国经济混乱的事情。这并不是由于什么"民族性"造成的。在日本锁国时代，药用以外的鸦片几乎没有进来；开国之后由于前面所提到的条约，又阻止了鸦片的流入。幕府末期，鸦片战争的情报，又让志士们认清了鸦片的危害。换句话说，就是日本吸取了中国的教训。

幕府末期的日本人，从鸦片战争中受到很大的冲击。他们渐渐地从以中华世界为价值中心的思想里脱离出来。这种趋势从日本开国到明治时期愈来愈盛。18世纪中叶以后，由于欧洲霸权从荷兰转到英国手中，为世界所崇拜的兰学也就转向英学。日本学习兰学的历史悠久，现在要掌握英国的事情，要了解在世界上倡导霸权主义的英国，无论如何要学习英语。当时，人们认为只有学会英语，才能够了解英国的体制、思想以及物质的新倾向。可是，当时既没有英语学校也没有《英语词典》，编辑《英日词典》成为当务之急。日本向荷兰学习的历史已经很长了，有些荷兰语的积累。因此，日本只能够借助荷兰语学习英语，靠《英荷词典》和《荷日词典》来编辑《英日词典》。

为了学习英语，另一种外语发挥了作用。这种语言虽然称之为外语，实际上是当时日本人特别是知识分子非常熟悉的语言——不用说也能够明白，这就是汉语。

当时，汉语的书面语和口语是分离的，字典里没有口语词汇。一般人即使不会汉语的发音和会话，但只要有阅读能力，就能够应付一般的情况。江户时代的日本人大都有这种阅读能力，并且通过汉语学习，积累了许多知识。

如果通过汉语来学习英语的话，就必须有《英汉词典》。前面已经提到多次了，英国向来对中国很重视，对日本则不大关心，英国既把中国作为一个商品市场来加以关心，又对中国的文化非常重视。正像我在序章里谈到的那样，英国不仅最早从中国进口了陶瓷器，一直到鸦片战争15年后的1855年，还建立了以中国科举制度为模式的文官录用考试制度。因为非常欣赏中国文化，自然对汉语比较关心，从1815年开始英国用了9年的时间将马礼逊编纂的《中国语词典》陆续出版。这是用英语来理解汉语的最早的、体系比较完整的词典。在这套三部六卷的词典中，有一卷是《英汉词典》。

这部词典为英语民族的人学习汉语做出了很大的贡献。在这部词典发行半个世纪后，也就是从1866年开始，罗存德（W.Lobscheid，1866—1869）编纂的《英汉词典》又问世了，每年出版一册，共四册。这是一部大型的、词汇丰富而且准确的词典。罗存德是德国莱恩的一位传教士、医生。他曾用英语和德语出版了几部书，是一位了不起的语言学家。对欧美的中国研究者来说，《汉英词典》是他们关心的目标，相反对《英汉词典》

并不是很重视。但是，我们如果按照英语—汉语—日语这样的线索来看，就会明白他劳动的意义比想象的要大得多。

罗存德的《英汉词典》，对日本最早的体系完整的《英日词典》的诞生起了很大的作用。1873年（明治六年）发行的柴田昌吉·子安峻编纂的《插图·附音·英日字汇》，可以说是现代《英日词典》的祖先，对近代日语词汇的形成起了很大的作用。近代日语中学术用语以及政治、经济用语和近代日语相比较，汉语词汇使用的频率非常高。为了表现外来的新概念、器物，就必须寻求日本语的新表达方式。要在短期内使汉语词汇增加这些功能，不能说是没有困难的。但如果不使用汉语词汇，怎样用日本语来吸收新的概念就又成了问题。结果，近代的日语创造出许多新的汉语，并借此吸收了许多新的概念。最早给予日本语这种营养的应该说是罗存德的《英汉词典》，以此为台阶，柴田昌吉创作了《英日字汇》（加藤祐三，1977）。

《汉英词典》《英汉词典》都非中国人所作，而《英日词典》却出自日本人之手。中国人对英语漠不关心，日本人对英语却非常重视。这也许是中日文化不同造成的吧。有人认为中国人的中华思想过强，这种说法不能够说没有一点儿道理。文化方面可能也和经济方面一样，构成了中心—周边的理论，认为中国是文化的中心，对外国文化的关心自然就会比较晚些。

我认为这是由于各国在开始近代史时期的接触点不同造成的，也就是说要考虑"时代"的问题。不考虑当时的时代也就看不到历史的真相，但把一切都归于时代也是错误的。民族的统一，阶级关系的成熟，各国在纷繁复杂的状况中以独自的形态进入到近代。但各国步入近代的过程，又不完全取决于国内的因素，同时还要受到世界的影响。

印度在1757年的普拉西战争中与英国"激烈地相遇"了。100年后的1857年，作为印度独立战争的民族大起义也失败了。中国在鸦片战争（1840—1842）中同样和英国"激烈地相遇"了，太平天国运动持续了十余年，最后在1864年失败了。日本对外开放时期，正值英国处于19世纪后半期新繁荣和进入"小英国主义"的时代。《日美和亲条约》签订时（1854年），英国正与俄国进行克里米亚战争。日本同美国缔结《日美友好通商条约》（1858），进入实质上的经济开放时期，正值英国在印度镇压民族大起义、在中国镇压太平天国运动和进行第二次鸦片战争的紧急形势时期，根本顾不上日本。日本的明治维新（1868）时期，英国已经把重点放在国内繁荣和安定上去了。因此，日本和英国不是"激烈地相遇"了，而是"平稳地相逢"了。这不是由日本单方面来选择的，而是时代造成的。

正是因为"平稳地相逢"，才使日本在把近代英国当成榜样时，没有完全照抄照搬。任何国家都应该是这样,在向外国学习时要把好的适合于本国的方面吸取过来,而不能把现实中乱七八糟的东西也原封不动地搬过来。各国的文化和现实状况不同,也就不能够照抄。日本把近代的英国作为模式时也是这样。我认为日本能够学习英国在世界上出现的惊人的经济发展速度,把英国创造世界历史新时代的先锋作用当作楷模来学,是相当了不起的事情。

但是,如果认为无论哪个国家都应该这样做,没有成功就是努力不够的话,那就大错特错了。如果重蹈覆辙,就会错得更多。努力、能力和勇气这些内在的因素,必须与现实状况是否允许的外在可能性结合在一起才行。不论哪个国家都是这样,或者说都应该这样做。看到别国的衰退,就予以蔑视,这是产生傲慢的温床,实际上是接受了历史的公式论、单线发展阶段论的不良影响。

不言自明,从现实中提炼出来的模式和理论,以及被模式化、理论化的事物,由于产生的社会思想背景不同,也是多种多样的。在争论过程中,虽然不可避免地会出现排除异己的独断现象,但必须在现实中试验一下被理论化的事物,因为一种文化对人类历史所产生的历史作用是很难评价的。

日本在中日甲午战争(1894—1895)以后,进入了世界强国的行列,并且仿照英国对印度和中国香港的统治方式,开始了殖民地的统治。当时,日本也利用了鸦片贸易（M.Merrin，1973；《上海外贸史话》，1976；二反长半，1977），并应用到对中国台湾进行的掠夺（森久男，1978）。这不是单纯的他国历史，透过描写英国近代的事情，重现历史发展的过程应该是可能的。

后　记

我虽然是专攻东洋史，特别是中国近现代史，但对中国近代始于鸦片战争的失败，也就是说是以沦为半殖民地半封建社会为近代开端的历史，并没有进行过深层次的思考。开始对这个问题引起注意，还是在1972年进行东南亚旅行的时候，特别是在撰写拙著《纪行随想·东洋的近代》的时候。东南亚各国的近代时代，几乎与中国的近代时代是同步进行的。当然，它们分别沦为某一个宗主国的殖民地，因此它们的主张可能比中国更加强烈。

以往，我一直认为被称为近代的时代是一个进步和繁荣的时代，此刻我却感受到很大的冲击。世界上有许多国家，如果从人口比率上看大概占世界80%的人口，绝不像我们那样认为近代是一个"辉煌的进步时代"，反而认为这是一个后退和贫困化的时代。他们否定了近代，生活在现代社会中，而现代还是一个没有结束的时代。因此，对近代和现代进行质的比较是可行的，接受不同的观点也应该是可以的。事实上，我也痛感近代的实际与我们头脑中的想象有许多不吻合的地方。

那么，典型的发达资本主义国家英国，被明治以来的日本奉为榜样的英国，特别是19世纪的英国，到底是处于什么的时代呢？如果认定它就是近代的原型的话，它的姿态是怎样的呢？我对这些问题的关心日益强烈，但是，并不是迈出一步就能够解决问题的。根据我个人的经验，比收集资料更重要的是应该有现场的体验。恰好，我有了一个在英国逗留的机会。初到英国时，我还是执着地研究中国史和东亚史，对所遇到的有关英国近代的史料处于犹豫不决的状态。大约在英国居住了半年以后，我渐渐地改变了头脑中已有的从东方看西方的史学思维方式，开始从西方向东方看，并且下定决心试着以英国为中心来考虑它与亚洲的关系。结果，我头脑中原有的英国近代的形象，一个接着一个失去了，重新树立也不可能了。

本书所描绘的近代的姿态，大概是在还没有广泛取得市民权的时代，世界史教科书和研究书中从来没有涉及过的事情在本书中多有评述。我不想用复印的形式来反映近代，而想用素描的方法来再现近代的身姿。尽管对于我来说，也有一个又一个的"吃惊"，但这些都不足以在此叙述了。

1978年9月至1979年9月，拙文《纪行随想·英国的近代》在双月刊《道》（世代群评社）上分7次连载。

我在《横滨市立大学论丛》(第30卷、人文科学系列、第LI号、远山茂树教授退职纪念号)上还发表了一篇题为《19世纪亚洲的三角贸易统计资料序论》的文章。这两组文章构成了本书的基础。特别应该指出的是，发表在双月刊《道》上的文章，引起了本书编辑木村秀彦的注意，他不仅巧妙地劝说我，还给了我温暖的友谊，结果我决定把发表的文章内容编写成一本小册子。这样，对原有的文章进行了大幅度添补修改，作了重新组合。通过这个写作过程，我又弄清楚了许多问题。

由于本书主题涉及的范围相当广泛，所以在写作过程中也得到了不少前辈、同学的指教。他们是许多分支科学的专家，尽管所讲的内容可能是极小的一个问题，但对我来说却是无限宝贵的指导。另外，在本书的写作过程中，我还利用许多图书馆和文书馆。有关英国图书馆和文书馆的利用情况，我在本书的序章中已经谈到了。回到日本后，我还利用了横滨市立大学图书馆、东京大学（综合图书馆、东洋文化研究所、社会科学研究所、文学系、经济系、法学系的各个图书室）、成蹊大学图书馆、东洋文库等图书馆。正是因为有前辈、同学的指教和这些可以利用的资料，这本书才得以问世。请允许我再一次表示深深的谢意。

加藤祐三

1979年10月

附　录

加藤祐三的主要著作和论文

主要著作：

1.《中国的土地改革和农村社会》（1972年，亚细亚经济出版会）

2.《纪行随想——东洋的近代》（1977年，朝日新闻社）

3.《英国和亚洲——近代史的素描》（1980年，岩波书店）

4.《现代中国目击记》（1982年，讲谈社）

5.《黑船前后的世界》（1985年，岩波书店）

6.《东亚的近代》（1985年，讲谈社）

7.《黑船异变》（1988年，岩波书店）

编著：

8.《亚洲的城市和建筑》（1986年，鹿岛出版会）

9.《英国政府文书有关日本的目录》（1988年，横滨市立大学纪要）关于日本的手稿和文件目录，保存在伦敦的国家档案馆。

10.《横滨今昔》（1990年，横滨市立大学）

与本书有关的论文：

1.《19 世纪的亚洲三角贸易——统计资料序论》(《横滨市立大学论丛》第 30 卷 2—3 合号，1979 年 8 月)

2.《殖民地印度的鸦片生产（1773—1830 年）》(《东洋文化研究所纪要》第 83 册，1981 年 2 月)

3.《中国对外开放港口与日本对外开放港口》(收入石井宽治、关口尚志编《世界市场与幕府末期对外开放港口》，1982 年)

4.《幕府末期开国考》(《横滨开港资料馆纪要》第一辑，1982 年 3 月)

5.《黑船前后的世界》(《思想》杂志连载〔8 回〕，1983 年 7 月—1984 年 7 月)

6.《幕府末期开国的世界史》(《历史学研究》增刊号，1984 年 10 月)

7.《格岳茨拉夫所见和东亚》(《横滨市立大学论丛》第 36 卷 2—3 合号，1985 年 3 月)

8.《黑船和情报》(《横滨市立大学论丛》第 38 卷 2—3 合号，1987 年 3 月)

参考文献①

石井宽治:《英国殖民地银行群的再编——十九世纪七十至八十年代以日本和中国为中心的组建》(1)(2),载《经济学论集》45卷2、3号,1979年。

恩格斯:《英国工人阶级的现状》(日译本),1845年。

大塚历史学会:《东亚近代史的研究》,1967年。

大野真弓:《英国史》,1965年。

加藤祐三:《纪行随想·东洋的近代》,1977年;《19世纪亚洲的三角贸易——统计及其序论载》,载《横滨市立大学论丛》30卷Ⅱ、Ⅲ号,1979年。

郭廷以:《近代中国史》,1941年。

小池滋:《英国铁路的故事》,1979年。

《上海外贸史话》,上海,1976年。

徐义生:《中国近代外债史统计资料》,北京,1962年。

新村容子:《清末四川省鸦片的商品生产》,载《东洋学报》60卷3、4号,1979年。

---

① 这里所列举的只是本书中谈到或引用的文献。在本文中,(　)内为著者名和出版时期。没有记载出版地点的英文著作其出版地为伦敦。

德永正二郎:《资本输出和世界市场的结构变化》,《经济学研究》44卷2、3号,1978年。

二反长半:《战争和日本鸦片史》,1977年。

《日本外交年表及主要文书》上,1965年。

滨下武志:《近代中国贸易金融考察之一——19世纪前半期银价飞涨和外国贸易结构的变化》,载《东洋学报》57卷3、4号,1976年。

坂野正高:《近代中国政治外交史》,1973年。

复旦大学历史系:《中国近代简史》,上海,1975年。

森久男:《台湾鸦片处分问题(1)》,载《亚洲经济》19卷11号,1978年。

D.H.Aldcroft and H.W.Richardson, *The British Economy*, 1870-1939, 1969.

R.D.Altick, *Victorian People and Ideas*, 1974.

P.S.Bagwell, *The Transport Revolution from 1770*, 1973.

J.Bateman, *The Great Landowners of Great Britain and Ireland*, 1883, repr.1970.

J.R.Baylin, *Foreign loan obligations of China*, Tientsin, 1925.

V.Berridge, Our Own Opium: Cultivation of the Opium Poppy in Britain, 1740-1823, *British Journal of Addiction*, 72, 1977 (1).

——, Fenland Opium Eating in the Nineteenth Century, *British Journal of Addiction*, 72, 1977 (2).

——, Opium Eating and Life Insurance, *British Journal of Addiction*, 72, 1977 (3).

——, War Conditions and Narcotics Control: The Passing of Defence of the Realm Act Regulation 40B, *Journal of Social Policy*, Vol.7, Part 3, 1978 (1).

——, Professionalization and Narcotics: the Medical and Pharmaceutical Professions and British Narcotic Use, 1868-1926, *Psychological Medicine*, 8, 1978 (2).

——, and N.S.B.Rawson, *Opiate Use and Legislative Control, A Nineteenth Century Case Study*, 1979.

B.P.P. (British Parliamentary Papers) 年次、卷号在本文中记载。

S.D.Chapman ed., *The History of Working-Class Housing*, 1971.

T.Christlieb, *The Indo-British Opium Trade and Its Effect*, 1879.

C.I.M.C. (China Imperial Maritime Customs), *Reports on Trade at the Treaty Ports in China*, 1860-1872. 年号在本文中记载。

C.I.M.C. (China Imperial Maritime Customs), *Returns of Trade and Trade Reports*, Part I, 1873-. 年号在本文中记载。

C.I.M.C. (China Imperial Maritime Customs), *Special Series*: No.4, Opium, 1881.

C.M.C. (China Maritime Customs), *Treaties, Conventions etc.between China and Foreign States*, 2 vols, Shanghai, 1917.

C.M.C. (China Maritime Customs, S.F.Wright ed.), *The Collection and Disposal of the Maritime and Native Customs Revenue since the Revolution of 1911*, Shanghai, 1927.

C.M.C. (China Maritime Customs), Documents Illustrative of the Origin, *Development and Activities of the Chinese Customs Service*, 7 vols, Shanghai, 1937-1940.

P.Colquhoun, *Wealth and Sources in British Empire*, 1814.

A.G.Coons, *The Foreign Public Debt of China*, Philadelphia, 1930.

S.Couling, *Encyclopedia Sinica*, 1917.

R.Dawson, *The Chinese Chameleon*, Oxford Univ.Press, 1967.

D.Davies, *The Case of Labourers in Husbandry Stated and Considered*, 1795.

P.Deane & W.A.Cole, *British Economic Growth 1688-1959*, 1967.

A.E.Dingle, Drink and Working-Class Living Standards in Britain 1870-1914, E*conomic History Review*, 1972.

D.N.B. (Dictionary of National Biography).

H.J.Dyos and M.Wolff ed., *The Victorian City*, 2 vols, 1973.

F.M.Eden, *The State of the Poor or an History of the Labouring Classes in England*, 1797.

J.Edkins, *The Revenue and Taxation of the Chinese Empire*, Shanghai, 1903.

Encyclopaedia Britanica, 9th ed. (1875-1889, supplementary ed.1902-03), 11th ed. (1911).

E.Filliter, *Report on the Best Mode of Obtaining an Additional and Purer Supply of Water, for the Borough of Leeds*, Leeds, 1866.

S.Finer, *Life and Times of Edwin Chadwick*, 1952.

J.S.Fletcher, *The Making of Modern Yorkshire*, 1750-1914, 1973.

D.Forrest, *Tea for the British: The Social and Economic History of a Famous Trade*, 1973.

G.E.Fussell, *The Farmer's Tools 1500-1900: the History of British Farm Implements, Tools and Machinery before the Tractor Came*, 1952.

W.F.Galpin, *The Grain Supply of England During the Napoleonic Period*, New York, 1925.

E.W.Gilboy, *Wages in Eighteenth Century England*, 1934.

M.Gorham and H.M.Dunnet, Inside the Pub, 1950.

Ph.J.H.Gosden, *Friendly Societies 1815-1875*, 1968.

M.Greenberg, *British Trade and the Opening of China*, 1800-1842, 1951.

W.L.Guttsman, *The British Political Elite*, 1963.

J.L.& B.Hammond, *The Village Labourer*, 1948.

B.Harrison, *Drink and the Victorians*, 1971.

J.F.C.Harrison, *The Early Victorians, 1832-1851*, 1973.

R.Hart, *The I.G.in Peking, Letters of Robert Hart, 1868-1907*, 2 vols, Harvard Univ.Press, 1975.

W.Hasbach, *History of the English Agricultural Labourer*, 1908.

A.Hayter, *Opium and Romantic Imagination*, 1968.

E.J.Hobsbawm, *The Age of Capital, 1848-1875*, 1975.

P.Hollis ed., *Class and Conflict in Nineteenth-Century England, 1815-1850*, 1973.

W.Hone, *The Every-Day Book*, 2 vol, 1825-1827.

W.G.Hoskins, *The making of the English Landscape, 1955*, Pelican ed., 1970.

Hou Chi-ming, *Foreign Investment and Economic Development in China, 1840-1937*, Harvard Univ.Press, 1965.

Hsiao Liang-lin, *China's Foreign Trade Statistics, 1864-1949*, 1972.

W.T.Jackman, The Development of Transportation in Modern England, 2 vols, Cambridge, 1962.

The Japan Punch, Yokohama.

B.Jennings ed., *A History of Harrogate & Knaresborough, Huddersfield*, 1970.

R.B.Jones, *Economic and Social History of England, 1770-1970*, 1971.

E.Kann, *The Currencies of China*, Shanghai, 1926.

H.H.Kane, *Opium-Smoking in America and China*, New York, 1882.

E.N.La Motte, *The Opium Monopoly*, New York, 1920.

B.P.Leser, *Entstehung und Verbreitung des Pflugs*, 1931.

B.Lillywhite, *London Coffee Houses, A Reference Book of Coffee Houses of the Seventeenth, Eighteenth and Nineteenth Centuries*, 1963.

P.H.Lindert, *Key Currencies and Gold, 1900-1913*, 1969.

Liu Kwang-Ching, *Anglo-American Steamship Rivalry in China, 1862-1874*, Harvard Univ.Press, 1962.

W.Lobscheid, *English-Chinese Dictionary*, 4 vols, Hong Kong, 1866-1869.

B.Lubbock, *The Opium Clippers, Glasgow*, 1933.

W.J.M.Mackenzie and J.W.Grove, *Central Administration in Britain*, 1957.

R.W.Malcolmson, Popular recreations in English society, 1700-1850, Cambridge, 1973.

P.Mathias, *The Brewing Industry in England, 1700-1830*, Cambridge Univ.Press, 1959.

J.Mayhall, *The Annals of Yorkshire*, 2 vols, 1865.

H.Mayhew, *London Labour and the London Poor*, 4 vols, 1851, 1861-1862.

M.Mervin, Japanese Concession in Tientsin and Narcotic Trade, *Information Bulletin of Council of International Affairs*, Vol. III, No, 4, Nanking, 1937.

W.E.Minchinton ed., *Essays in Agrarian History*, 2 vols, Newton Abbot, 1968.

G.E.Mingay, *The Agricultural Revolution, Changes in Agriculture 1650-1880*, 1977.

B.R.Mitchell & P.Deane, *Abstract of British Historical Statistics*, Cambridge, 1962.

R.Morrison, *A Dictionary of the Chinese Language*, 3 parts, 6 vols, Macao, 1815-1823.

H.B.Morse, *The International Relations of the Chinese Empire*, 3 vols, 1912.

——, *Chronicles of the East India Company Trading to China 1635-1834*, 2 vols.

O.E.D. (Oxford English Dictionary)

T.W.Overlach, Foreign Financial Control in China, New York, 1919.

D.E.Owen, *British Opium Policy in China and Asia*, 1934.

N.A.Pelcovits, *Old China Hands and the Foreign Office*, New York, 1948.

J.Randall, *The Construction and Extensive Use of a Newly Invented Universal Seed Furrow Plough*, 1764.

Report of the International Opium Commission, Shanghai, 1909.

Report of the Royal Commission on Opium, B.P.P., 1894 LX, LXI, LXII, 1895 XLII.

J.Rowntree, *The Imperial Drug Trade*, 1905.

S.B.Saul, *Studies in British Overseas Trade, 1870-1914*, Liverpool, 1960.

B.Semmel, *The Rise of Free Trade Imperialism*, 1970.

G.Shearer, *Opium Smoking and Opium Eating, Their*

Treatment and Cure, Shanghai and Hong Kong, 1881.

Slingsby Papers, *Yorkshire Archeological Society*.

Ssn-yü Têng, Chinese Influence on the Western Examination System, *Harvard Journal of Asiatic Studies*, vol.7, 1942/1943.

H.H.Sultzberger, *All About Opium*, 1884.

A.J.Taylor, *The Standard of Living in Britain in the Industrial Revolution*, 1975.

C.Taylor, *Fields in the English Landscape*, 1975.

The Times.

F.M.L.Thompson, *English Landed Society in the Nineteenth Century*, 1963.

Transactions of the Royal Society for Encouragement of Arts, Manufactures and Commerce, 1782.

Tze-hsiung Kuo, Opium Suppression in China, *Information Bulletin of Council of International Affairs*, Vol.I, No.9, Nanking, 1936.

T.Wicksteed, *Report to the Town Council of Leeds, on the Propriety of Carrying the Sewerage to an Outlet on the North or South Side of the River Aire*, Leeds, 1848.

S.W.Williams, *The Chinese Commercial Guide*, Hong Kong, 1863 (1st ed.).

G.B.Wilson, *Alcohol and the Nation*, 1940.

E.L.Woodward, *The Age of Reform 1815-1870*, 1938.

Q.Wright, The Opium Question, *The American Journal of International Law*, vol.18, 1924.

A.Young, *The Farmer's Kalendar; or Monthly Directory for all sorts of Country Business*, 1771, 1862 (22nd ed.).

文后辅文

イギリスとアヅア
—近代史の原画—
加藤祐三 著
岩波书店 岩波新书（黄版）1989 年 9 月 15 日第 14 刷发行

根据日本岩波书店 1989 年 9 月 15 日第 14 次印本翻译